유튜브보다 더 재미있는
엄마표 과학 놀이터

유튜브보다 더 재미있는
엄마표 과학 놀이터

초판 1쇄 인쇄 2020년 5월 15일
초판 1쇄 발행 2020년 5월 22일

지은이 한지혜·공선명·조승진·류윤환

발행인 장상진
발행처 (주)경향비피
등록번호 제2012-000228호
등록일자 2012년 7월 2일

주소 서울시 영등포구 양평동 2가 37-1번지 동아프라임밸리 507-508호
전화 1644-5613 | **팩스** 02) 304-5613

ISBN 978-89-6952-400-3 14590
　　　978-89-6952-404-1 (세트)

ⓒ한지혜·공선명·조승진·류윤환

· 값은 표지에 있습니다.
· 파본은 구입하신 서점에서 바꿔드립니다.

어린이 제품 안전 특별법에 의한 표시
제품명 도서 **제조자명** 경향BP **제조국** 대한민국 **전화번호** 1644-5613
주소 서울시 영등포구 양평동 2가 37-1번지 동아프라임밸리 507-508호
제조년월일 2020년 5월 22일 **사용연령** 8세 이상
※ KC마크는 이 제품이 공통안전기준에 적합하였음을 의미합니다.

유튜브보다 더 재미있는

엄마표 과학 놀이터

한지혜 · 공선명 · 조승진 · 류윤환 지음

경향BP

프롤로그

과학놀이터로 초대합니다!

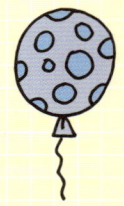

　과학은 우리의 일상과 아주 가까이 있습니다. 사소한 것부터 큰 것까지 삶에서 빼놓을 수 없는 여러 부분을 차지하지요. 과학으로 가득 찬 세상인데도 많은 사람이 과학을 어려워합니다.
　아이들은 과학 시간에 과학 교과서와 실험관찰, 이렇게 두 권의 책을 챙겨야 한다는 것만으로도 과학을 부담스러워합니다. 여러 가지 실험 도구를 이용해 수업하는 것도 물론이고요. 여기에 교과서에 나와 있는 개념과 원리 설명이 시작되면 반쯤 눈을 감곤 합니다.
　그럼 학부모 입장에서 봐볼까요. 국어나 수학과 달리 과학이라는 교과를 자녀에게 지도하기란 쉬운 일이 아닙니다. 교과서에 나온 개념을 아이에게 가르치기 위해 직접 실험 도구들을 준비하고 실험하는 것이 현실적으로 어렵습니다. 그렇다고 교과서에 나온 개념과 원리를 문제풀이 식으로만 가르치면 역효과가 날 수 있습니다.
　다양한 이유로 학생들은 과학을 멀리하고, 부모님들은 과학을 학교와 학원의 몫으로 넘깁니다. 그럼 과학이란 과목은 가정에서 배울 수 없는 것일까요. 아이들이 과학을 집 밖에서만 배워야 하는 것일까요. 『유튜브보다 더 재미있는 엄마표 과학놀이터』가 그 답을 드립니다.
　아이들은 재미있는 것에 관심이 있습니다. 지금까지는 스마트폰과 유튜브가 가장 흥미로웠을 것입니다. 스마트폰은 요즈음 아이들의 눈과 손뿐만 아니라 정신과 마음을 차지합니다. 지역에 따라 차이가 있지만, 빠른 곳에서는 초등학교 1학년 때 한 학급에 2~3명의 아이를 제외하고 모두 스마트폰을 가지고 있습니다. 초등학생의 하루 평균 스마트폰 사용 시간은 무려 3시간이 넘는 실정입니다. 국가통계포털 통계 수치에 따르면 청소년 전체 스마트폰 사용 여부는 약 80%, 스마트폰 과의존 위험군 현황은 약 30%를 차지합니다. 무작정 스마트폰과 유튜브를 제한하지 말고, 더 재미있는 것으로 시선을 끌어보세요. 스마트폰보다, 유튜브보다 더 재미있는 것을 알려주세요.

여러분을 과학놀이터로 초대합니다! 과학놀이터와 함께라면 가정에서 충분히 과학을 만날 수 있습니다. 그것도 아주 흥미롭고 재미있게 말이지요. 이 책은 학생과 학부모가 과학에 대해 쉽게 한 걸음 내디딜 수 있도록 도와줍니다. 과학에 대한 장벽을 낮춰줍니다. 과학놀이터에 어서 오세요! 이 책으로 즐겁게 놀 마음만 있으면 됩니다. 과학과 함께 놀아보아요. 한 번 놀이에 빠지면 아이들은 밥시간도 잊은 채 몰두합니다. 아이들이 과학놀이에 푹 빠졌으면 하는 마음으로 썼습니다.

과학놀이터 놀이기구는 일상생활에서 쉽게 구할 수 있는 재료로 해볼 수 있습니다. 물리, 화학, 생물, 지구과학 등 다양한 영역에 걸쳐 초등학교 과학 교과서와 연계된 50가지 과학놀이로 구성되어 있습니다. 놀이와 공부를 둘 다 잡을 수 있습니다. 즐겁게 과학놀이를 한 후, 간단한 질문을 통해 과학 개념이 놀이와 어떻게 연결되는지 알 수 있습니다.

과학이란 교과를 알기 전 단계인 유, 초 저학년 학생들은 쉽고 재미있는 과학놀이로 가볍게 과학을 만날 수 있습니다. 3~4학년 학생들은 교과서 실험 외의 다양한 놀이를 하며 이제 막 배우기 시작한 과학 과목을 흥미롭게 공부할 수 있습니다. 5~6학년 학생들은 다양한 놀이 안에서 실제적으로 과학 개념과 원리가 어떻게 적용이 되는지 눈으로 확인하며 과학 과목을 깊이 있게 배울 수 있습니다. 나아가 자신만의 방법으로 놀이를 다양하게 활용할 수도 있습니다. 바로 『유튜브보다 더 재미있는 엄마표 과학놀이터』로 말이에요.

"누구도 사람에게 그 무엇을 가르칠 순 없다. 다만 자신의 내면에서 그걸 발견할 수 있도록 도울 뿐이다."

코페르니쿠스가 한 말입니다. 놀이로 배우는 시대입니다. 교육 놀이가 배움의 흐름으로 자리 잡고 있습니다. 놀며 배우고 배우며 논다는 것이 하나의 교육 방법이 되었습니다. 과학을 억지로 가르치기보다 놀이로 아이가 스스로 배우고자 하는 열망을 발견할 수 있게 도와주세요.

한지혜

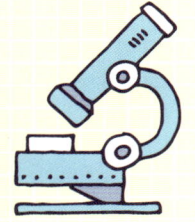

차례

프롤로그 : 4
나는 과학왕 : 8
이렇게 활용해보세요! : 9
꼭 어른의 도움을 받아야 해요! : 10
아이가 과학을 재미있어 해요! : 11
과학 교과 학년별 실험 리스트 : 12

2 빨대로 하는 과학놀이

08 : 빨대 구조물 : 34
09 : 빨대 플루트 : 36
10 : 빨대 손가락 : 38
11 : 네모 비눗방울 : 41
12 : 막대 탑 쌓기 : 44
13 : 빨대 뗏목 : 46
14 : 빨대 미로 : 48
15 : 체조하는 종이 인형 : 51
16 : 빨대 롤러코스터 : 54
17 : 떠다니는 탁구공 : 56

1 페트병으로 하는 과학놀이

01 : 페트병 빨대 총 : 18
02 : 페트병 빨대 물총 : 20
03 : 뚜껑을 열지 마세요 : 22
04 : 용암 만들기 : 24
05 : 공기 대포 : 26
06 : 벌레잡이 통 만들기 : 28
07 : 스포이트 잠수함 : 30

3 클립으로 하는 과학놀이

18 : 자석 낚시 : 60
19 : 장구 비행기 : 62
20 : 종이 새 만들기 : 64
21 : 자석 인형극 : 66
22 : 클립 크레인 : 68

5 종이로 하는 과학놀이

31 : 종이 다리 : **90**
32 : 책 들기 : **92**
33 : 종이 눈 결정 만들기 : **94**
34 : 손가락 위 잠자리 : **96**
35 : 종이 탑 쌓기 : **98**
36 : 종이 미끄럼틀 : **100**
37 : 사라지는 글자 : **102**
38 : 지문 관찰하기 : **104**
39 : 바람개비 : **106**
40 : 자석으로 그림 그리기 : **108**
41 : 책 줄다리기 : **110**
42 : 가을 낙엽 책갈피 : **112**
43 : 형형색색 거름종이 꽃 : **114**
44 : 낙하산 장난감 : **117**

4 풍선으로 하는 과학놀이

23 : 풍선 총 : **72**
24 : 풍선 자동차 : **74**
25 : 정전기 체험 : **76**
26 : 풍선 경주 : **78**
27 : 번개 만들기 : **80**
28 : 풍선 로켓 : **82**
29 : 비명 지르는 풍선 : **84**
30 : 공중부양 비닐 : **86**

6 몸으로 하는 과학놀이

45 : 동공 크기 변화 : **122**
46 : 착시 미술 작품 : **124**
47 : 눈으로 보는 심장 근육 : **126**
48 : 착시 그림 퀴즈 : **128**
49 : 제멋대로 움직이는 다리 : **130**
50 : 인체 모형 만들기 : **132**

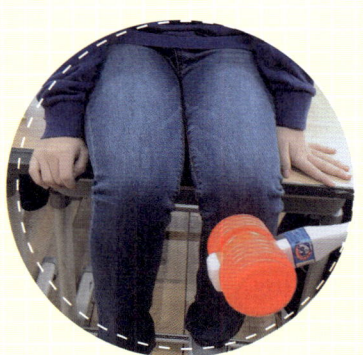

나는 과학왕!

1st 과학왕 도전! 참 잘했어요!	**2**nd 참 잘했어요!	**3**rd 참 잘했어요!	**4**th 참 잘했어요!	**5**th 참 잘했어요!
6th 참 잘했어요!	**7**th 참 잘했어요!	**8**th 참 잘했어요!	**9**th 참 잘했어요!	**10**th 참 잘했어요!
11th 참 잘했어요!	**12**th 참 잘했어요!	**13**th 참 잘했어요!	**14**th 참 잘했어요!	**15**th 참 잘했어요!
16th 참 잘했어요!	**17**th 참 잘했어요!	**18**th 참 잘했어요!	**19**th 참 잘했어요!	**20**th 참 잘했어요!
21th 참 잘했어요!	**22**th 참 잘했어요!	**23**th 참 잘했어요!	**24**th 참 잘했어요!	**25**th 참 잘했어요!
26th 참 잘했어요!	**27**th 참 잘했어요!	**28**th 참 잘했어요!	**29**th 참 잘했어요!	**30**th 참 잘했어요!
31th 참 잘했어요!	**32**th 참 잘했어요!	**33**th 참 잘했어요!	**34**th 참 잘했어요!	**35**th 참 잘했어요!
36th 참 잘했어요!	**37**th 참 잘했어요!	**38**th 참 잘했어요!	**39**th 참 잘했어요!	**40**th 참 잘했어요!
41th 참 잘했어요!	**42**th 참 잘했어요!	**43**th 참 잘했어요!	**44**th 참 잘했어요!	**45**th 참 잘했어요!
46th 참 잘했어요!	**47**th 참 잘했어요!	**48**th 참 잘했어요!	**49**th 참 잘했어요!	**50**th 축하합니다! 나는 과학왕!

이렇게 활용해보세요!

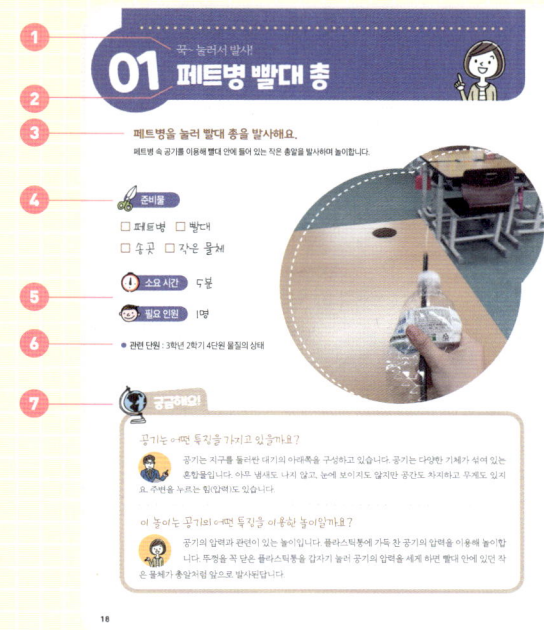
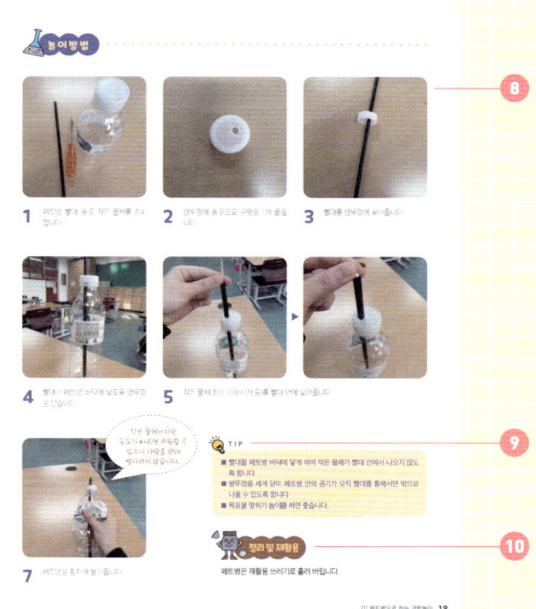

1. **놀이 보조 이름** : 놀이의 깜찍한 별명이에요.

2. **놀이 이름** : 놀이의 이름이에요.

3. **놀이 설명** : 놀이를 대표하는 과학 개념을 1~2줄로 설명했어요. 아이들과 함께 큰 소리로 읽은 후 본격적으로 놀이를 시작하면 좋아요.

4. **준비물** : 우리 주변에서 쉽게 구할 수 있는 재료로 이루어져 있어요. 엄마 아빠가 재료를 준비해주어도 좋고, 아이가 스스로 준비해보도록 해도 좋아요.

5. **소요 시간, 필요 인원** : 가이드일 뿐 소요 시간이 더 길 수도 있고, 더 짧을 수도 있어요. 필요 인원도 상황에 맞추어 유동적으로 조정하세요.

6. **관련 단원** : 놀이와 연계된 2015 개정 교육과정 과학 교과의 각 단원을 소개했어요. 해당 교과서를 옆에 펼쳐놓고 함께 보면서 예습 및 복습을 할 수 있어요.

7. **궁금해요** : 엄마 아빠가 먼저 읽어보고 놀이를 마친 아이에게 가볍게 질문을 던져보세요. 그리고 아이 눈높이에 맞게 설명해주세요. 그러면 그저 재미있는 놀이로만 끝나지 않고 과학으로의 호기심을 확장해줄 수 있을 거예요.

8. **놀이 방법** : 놀이 순서에 맞게 사진과 설명이 있어요. 차근차근 한 단계씩 아이가 주체적으로 놀이를 이끌어가게 해주세요. 엄마 아빠는 안내자에 머물러주세요. 책에서 제시하는 순서대로 놀이를 하지 않아도 괜찮아요. 원하는 결과물이 나오지 않아도 괜찮아요. 중요한 건 결과가 아니라 과정이에요. "어떻게 생각해?", "왜 이런 결과가 나왔을까?" 등의 질문으로 아이의 생각을 열어주면 과학놀이는 성공입니다.

9. **팁** : 놀이를 더 수월하게 진행할 수 있어요.

10. **정리 및 재활용** : 준비물마다 정리 및 재활용 방법이 달라요. 뒷정리까지 완벽하게 하여 지구와 환경을 생각하는 어린이가 될 수 있도록 해주세요.

꼭 어른의 도움을 받아야 해요!

1. 송곳으로 병뚜껑에 구멍을 뚫을 때에는 꼭 어른의 도움을 받아야 해요! 큰 힘을 주어 뾰족한 물건을 이용해야 하므로 위험할 수 있어요.

2. 물로 놀이할 때에는 꼭 어른의 도움을 받아야 해요! 물이 바닥에 떨어져 미끄러워 나도 모르게 꽈당 할 수도 있거든요.

3. 날카로운 가위를 이용할 때에는 꼭 어른의 도움을 받아야 해요! 안전한 어린이용 가위를 이용하면 좋지만, 일반 가위를 이용한다면 더욱 주의해야 해요.

4. 클립을 구부리거나 끼울 때에는 꼭 어른의 도움을 받아야 해요! 클립은 쇠로 된 물질로 아주 단단해서 쉽게 모양이 변하지 않기 때문에 큰 힘이 필요하거든요.

5. 풍선에 바람을 넣을 때에는 꼭 어른의 도움을 받아야 해요! 풍선 펌프기로 바람을 넣을 때 순간 자칫하다가는 풍선이 뻥 터져 귀가 아플 수 있어요.

6. 우리 몸을 이용해 놀이할 때에는 꼭 어른의 도움을 받아야 해요! 놀이에 푹 빠져서 나도 모르게 위험한 순간이 올 수 있거든요.

7. 놀이가 모두 끝난 후 정리할 때에는 어른의 도움을 받으며 어린이가 주체적으로 정리해요!

8. 각 놀이 아래 적혀 있는 규칙을 꼭 참고하며 놀이해요!

아이가 과학을 재미있어해요!

이 책으로 과학놀이하는 시간은 동상이몽이에요. 아이들은 놀이라고 생각하고, 저는 공부라고 생각하거든요. 모두 충족시켜주니 너무 좋네요. 아이 셋, 모두 다른 나이지만 같은 놀이를 해도 첫 아이부터 막내까지 각자 다른 깊이로 이해할 수 있어서 만족스럽습니다. 처음엔 제가 주도하며 놀이했는데, 이젠 첫 아이가 동생들을 이끌어가는 모습이 뿌듯하네요. 요즘 저는 몇 가지 간단한 재료만 준비해주고 있어요. 재료도 집에서 쉽게 구할 수 있는 것들이고 복잡하지 않아서 아주 편해요.

아이 셋을 둔 엄마(5살, 6살, 3학년)

지금까지 아이의 공부를 직접 지도했습니다. 국어, 수학은 잘 가르칠 수 있는데, 과학이란 과목은 까마득했습니다. 그러던 중에 이 책으로 아이에게 직접 과학을 가르칠 수 있는, 창의적이고 신나는 방법을 만나게 되어 너무 감사합니다. 과학 교과를 처음 만나는 3학년 전에 이 책을 접해 과학에 흥미를 품은 채 진학할 수 있어 만족합니다. 교사로서 학교 교실에서 반 아이들과 이 책으로 수업을 해도 매우 수준 높은 교육이 될 정도입니다.

초등학교 교사 엄마(2학년)

남자 형제를 키우다 보니 위험한 건 무조건 하지 말라고 했습니다. 그런데 제가 위험하다고 했던 재료로 놀이할 수 있어서 신기했습니다. 아이들이 산만하다 보니 가만히 앉혀놓고 문제 푸는 공부를 주로 했는데, 놀이를 통해 공부하니 새로운 세계네요. 놀 때도 그냥 시간만 보내며 노는 게 아니라 책에 나온 다양한 과학놀이를 하며 놀 수 있어 유익한 것 같아요.

초등학생 남자 형제를 둔 엄마(1학년, 5학년)

과학 교과 학년별 실험 리스트

3학년

	교과 단원	과학놀이	주요 소재	시리즈
1학기	2단원 물질의 성질	물 안 새는 비닐봉지	물	어린이
	4단원 자석의 이용	자석 낚시	클립	엄마표
		자석 인형극	클립	엄마표
		번개 만들기	풍선	엄마표
		정전기 체험	풍선	엄마표
		자석으로 그림 그리기	종이	엄마표
		나침반 만들기	물	어린이
2학기	2단원 동물의 생활	각설탕으로 개미 모으기	컵	어린이
		나만의 구덩이 덫 만들기	컵	어린이
	4단원 물질의 상태	페트병 빨대 총	페트병	엄마표
		페트병 빨대 물총	페트병	엄마표
		스포이트 잠수함	페트병	엄마표
		뚜껑을 열지 마세요	페트병	엄마표
		공기 대포	페트병	엄마표
		장구 비행기	클립	엄마표
		종이 새 만들기	클립	엄마표
		풍선 경주	풍선	엄마표
		휴지를 지켜라	물	어린이
		샴푸 보트	물	어린이
		비눗방울 만들기	물	어린이
		유리컵에 종이 붙이기	물	어린이
		동전 위에 물방울 쌓기	물	어린이
		떠다니는 탁구공	빨대	엄마표
		네모 비눗방울	빨대	엄마표
		요거트 만들기	우유	어린이
		터지는 탄산음료	탄산음료	어린이
	5단원 소리의 성질	비명 지르는 풍선	풍선	엄마표
		빨대 플루트	빨대	엄마표

4학년

	교과 단원	과학놀이	주요 소재	시리즈
1학기	3단원 식물의 한살이	감자 속 물 빼기	감자	어린이
	4단원 물체의 무게	손가락 위 잠자리	종이	엄마표
		종이 탑 쌓기	종이	엄마표
		종이 다리	종이	엄마표
		책 들기	종이	엄마표
		낙하산 장난감	종이	엄마표
		체조하는 종이 인형	빨대	엄마표
		빨대 뗏목	빨대	엄마표
		막대 탑 쌓기	빨대	엄마표
		풍선 경주	풍선	엄마표
		달걀 오뚝이	달걀	어린이
		마시멜로와 파스타면 건축물	파스타면	어린이
	5단원 혼합물의 분리	물에 떠다니는 글자	물	어린이
		크로마토그래피 미술	물	어린이
		비눗방울 만들기	물	어린이
		형형색색 거름종이 꽃	종이	엄마표
2학기	1단원 식물의 생활	벌레잡이 통 만들기	페트병	엄마표
		가을 낙엽 책갈피	종이	엄마표
		나만의 꽃 만들기	물	어린이
		감자 속 물 빼기	감자	어린이
	2단원 물의 상태 변화	얼음 낚시	얼음	어린이
		슬러시 만들기	얼음	어린이
		얼음탑 쌓기	얼음	어린이
		나만의 비 내리는 하늘	얼음	어린이
		종이 눈 결정 만들기	종이	엄마표
		비 오는 날 핀 꽃	우산	어린이
	4단원 화산과 지진	용암 만들기	페트병	엄마표
		빨대 구조물	빨대	엄마표
	5단원 물의 여행	서열을 가리는 물	물	어린이

5학년

1학기

교과 단원	과학놀이	주요 소재	시리즈
3단원 태양계와 별	별자리 컵라면	빛	어린이
4단원 용해와 용액	우유 위에 그리는 그림	음료	어린이

2학기

교과 단원	과학놀이	주요 소재	시리즈
3단원 날씨와 우리 생활	바람개비	종이	엄마표
4단원 물체의 운동	책 줄다리기	종이	엄마표
	풍선 자동차	풍선	엄마표
	풍선 로켓	풍선	엄마표
5단원 산과 염기	달걀 탱탱볼	식초	어린이
	초록색 동전 만들기	식초	어린이
	동전 청소하기	식초	어린이
	유연한 뼈 만들기	식초	어린이
	탄산음료와 양치질	탄산음료	어린이
	비밀 편지 쓰기	레몬	어린이

6학년

1학기

교과단원	과학놀이	주요소재	시리즈
2단원 지구와 달의 운동	지구와 달	필름통	어린이
3단원 여러 가지 기체	콜라 거품 기둥	탄산음료	어린이
	꽁꽁 어는 탄산수	탄산음료	어린이
	터지는 탄산음료	탄산음료	어린이
	이산화탄소 만들기	식초	어린이
4단원 식물의 구조와 기능	나만의 꽃 만들기	물	어린이
	잎에서 탈출하는 산소	컵	어린이
5단원 빛과 렌즈	파란 우유	빛	어린이
	무지개 만들기	빛	어린이
	매직 손전등	빛	어린이
	사라지는 그림	컵	어린이

2학기

1단원 전기의 이용	공중부양 비닐	풍선	엄마표
	전기 연결방법	전지	어린이
	전기가 통하는 물체 찾기	전지	어린이
	휘어지는 물	물	어린이
4단원 우리 몸의 구조와 기능	빨대 손가락	빨대	엄마표
	사라지는 글자	종이	엄마표
	지문 관찰하기	종이	엄마표
	동공 크기 변화	사람	엄마표
	착시 미술 작품	사람	엄마표
	눈으로 보는 심장 근육	사람	엄마표
	인체 모형 만들기	사람	엄마표
	착시 그림 퀴즈	사람	엄마표
	제멋대로 움직이는 다리	사람	엄마표
5단원 에너지와 생활	숟가락 투석기	나무젓가락	어린이
	나무젓가락 총	나무젓가락	어린이
	빨래집게 총	나무젓가락	어린이
	빨대 미로	빨대	엄마표
	빨대 롤러코스터	빨대	엄마표
	풍선 총	풍선	엄마표
	종이컵 농구	컵	어린이
	비닐 낙하산	컵	어린이
	종이컵 자동차	컵	어린이
	종이 미끄럼틀	종이	엄마표
	클립 크레인	클립	엄마표
	고무줄 기타	고무줄	어린이

01
페트병으로 하는 과학놀이

01 페트병 빨대 총
꾹~ 눌러서 발사!

페트병을 눌러 빨대 총을 발사해요.
페트병 속 공기를 이용해 빨대 안에 들어 있는 작은 총알을 발사하며 놀이합니다.

 준비물

☐ 페트병 ☐ 빨대
☐ 송곳   ☐ 작은 물체

 소요 시간   5분

 필요 인원   1명

● 관련 단원 : 3학년 2학기 4단원 물질의 상태

 **궁금해요!**

공기는 어떤 특징을 가지고 있을까요?

 공기는 지구를 둘러싼 대기의 아래쪽을 구성하고 있습니다. 공기는 다양한 기체가 섞여 있는 혼합물입니다. 아무 냄새도 나지 않고, 눈에 보이지도 않지만 공간도 차지하고 무게도 있지요. 주변을 누르는 힘(압력)도 있습니다.

이 놀이는 공기의 어떤 특징을 이용한 놀이일까요?

 공기의 압력과 관련이 있는 놀이입니다. 플라스틱통에 가득 찬 공기의 압력을 이용해 놀이합니다. 뚜껑을 꼭 닫은 플라스틱통을 갑자기 눌러 공기의 압력을 세게 하면 빨대 안에 있던 작은 물체가 총알처럼 앞으로 발사된답니다.

놀이방법

1 페트병, 빨대, 송곳, 작은 물체를 준비합니다.

2 병뚜껑에 송곳으로 구멍을 1개 뚫습니다.

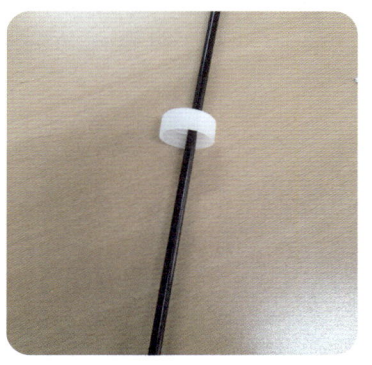

3 빨대를 병뚜껑에 꽂아줍니다.

4 빨대가 페트병 바닥에 닿도록 병뚜껑을 닫습니다.

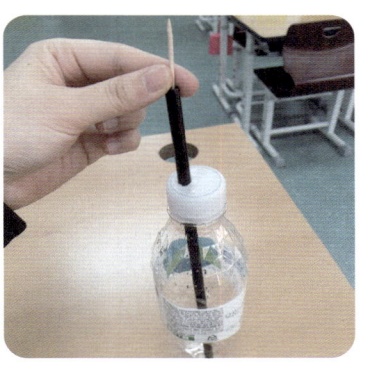

5 작은 물체(종이, 이쑤시개 등)를 빨대 안에 넣어줍니다.

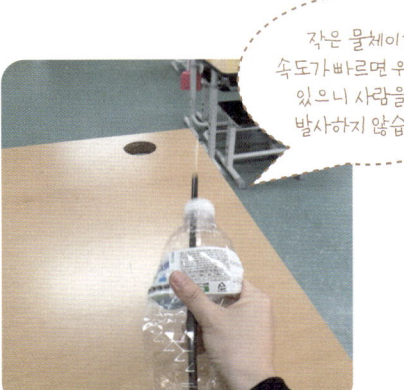

7 페트병을 힘차게 눌러줍니다.

> 작은 물체이지만 속도가 빠르면 위험할 수 있으니 사람을 향해 발사하지 않습니다.

TIP

- 빨대를 페트병 바닥에 닿게 하여 작은 물체가 빨대 안에서 나오지 않도록 합니다.
- 병뚜껑을 세게 닫아 페트병 안의 공기가 오직 빨대를 통해서만 밖으로 나올 수 있도록 합니다.
- 목표물 맞히기 놀이를 하면 좋습니다.

 **정리 및 재활용**

페트병은 재활용 쓰레기로 흘려 버립니다.

02 후~ 불어서 발사! 페트병 빨대 물총

빨대를 불어 물총을 쏘아보세요.
물을 넣은 페트병에 빨대를 꽂고 불어 물이 나오게 하는 놀이입니다.

 준비물

- ☐ 페트병   ☐ 주름 빨대 2개
- ☐ 송곳   ☐ 가위   ☐ 테이프

 소요 시간   5분

 필요 인원   1명

● 관련 단원 : 3학년 2학기 4단원 물질의 상태

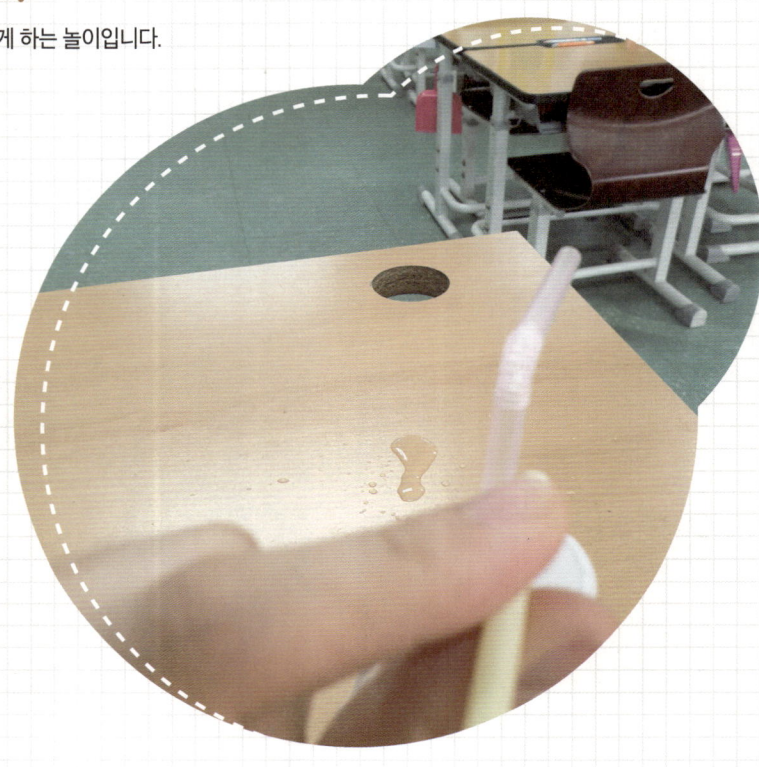

 **궁금해요!**

빨대를 불었을 뿐인데, 아래에 있던 물이 어떻게 발사되는 것일까요?

 빨대를 불어 공기를 넣었기 때문이에요. 빨대에 들어간 공기는 물이 있는 자리를 밀어냅니다. 물은 들어온 공기에게 자리를 내어주며 밖으로 나가게 되는 것이랍니다.

이 놀이처럼 우리 주변에서 공기의 압력을 활용한 것들은 무엇이 있을까요?

 막힌 변기를 뚫어주는 뚫어뻥, 피스톤 주사기 등이 있습니다.

 **놀이방법**

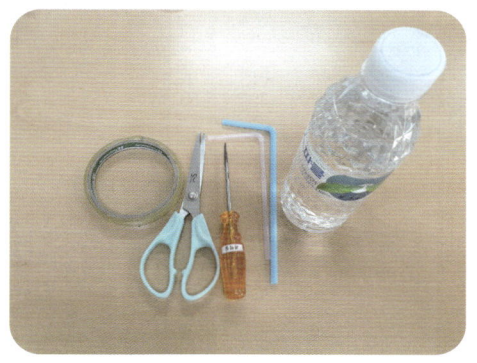

1 페트병, 주름 빨대 2개, 송곳, 가위, 테이프를 준비합니다.

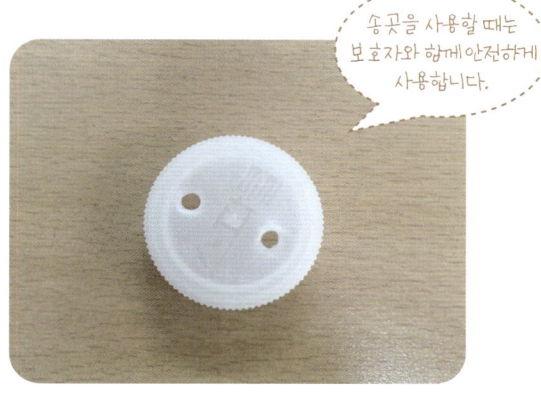

송곳을 사용할 때는 보호자와 함께 안전하게 사용합니다.

2 병뚜껑에 송곳으로 구멍을 2개 뚫어줍니다.

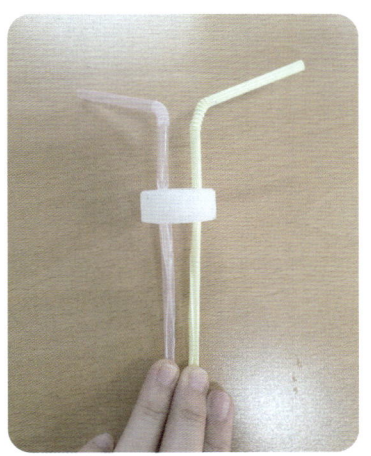

3 병뚜껑 구멍에 주름 빨대 2개를 꽂아줍니다.

4 플라스틱통에 3/5 정도 물을 채워줍니다.

물이 밖으로 쏟아져도 괜찮은 실외에서 놀이하면 좋습니다.

5 빨대를 세게 불어봅니다.

 TIP

- 빨대를 강하게 불수록 반대방향으로 물이 세게 쏘아져 나옵니다.
- 앞 빨대의 방향을 조절해서 원하는 곳으로 물총을 쏘아봅니다.

정리 및 재활용

- 사용한 물은 배수구에 흘려 버립니다.
- 페트병은 재활용 쓰레기로 버립니다.

03 조심하세요! 뚜껑을 열지 마세요

공기도 누르는 힘이 있어요.

물이 가득 찬 페트병에 구멍을 뚫는다면? 공기의 힘을 이용해 친구를 놀라게 해봅니다.

 준비물

☐ 물   ☐ 압정
☐ 1.5L 페트병   ☐ 유성펜

 소요 시간   5분

 필요 인원   1명

● 관련 단원 : 3학년 2학기 4단원 물질의 상태

 **궁금해요!**

페트병 뚜껑을 열면 무엇이 달라질까요?

 페트병 뚜껑을 여는 순간 물이 주르륵 흘러내리게 됩니다. 바로 공기 때문이에요. 물을 채우고 뚜껑을 잘 잠근 상태에서는 구멍 바깥에 있는 공기가 물을 누르기 때문에 물은 구멍 밖으로 나오지 못합니다. 하지만 뚜껑을 열면 입구를 통해 페트병 안으로 공기가 들어가며 위에서 물을 눌러 물이 밖으로 줄줄 흘러내리게 돼요.

보이진 않지만 공기가 있다는 것을 확인할 수 있는 방법에는 무엇이 있을까요?

 풍선을 불어봅니다. 바람을 느껴봅니다. 부채를 부쳐봅니다.

놀이방법

1 물, 압정, 1.5L 페트병, 유성펜을 준비합니다.

물이 흘러도 괜찮은 곳에서 놀이를 합니다.

2 페트병을 물로 가득 채웁니다.

3 페트병의 뚜껑을 잠급니다.

4 유성펜으로 "주의! 뚜껑을 열지 마시오"라는 경고 문구를 크게 적습니다.

압정으로 페트병에 구멍을 뚫을 때에는 반드시 어른의 도움을 받습니다.

5 압정을 이용해 병의 옆쪽에 구멍을 5개 정도 뚫습니다.

6 뚜껑을 살짝 열어 어떤 현상이 일어나는지 관찰합니다.

7 뚜껑을 다시 닫아봅니다.

8 누군가가 잘 볼 수 있는 곳에 페트병을 놓아둡니다.

 TIP

압정으로 페트병에 구멍을 뚫을 때 페트병을 누르는 힘 때문에 구멍으로 약간의 물이 흘러나오니 수건을 깔고 하면 좋습니다.

페트병은 재활용 쓰레기로 버립니다.

04 부글부글 용암 만들기

부글부글 용암을 관찰해보아요.
색이 있는 물에 기름을 넣고 발포 비타민을 넣으면 부글부글 용암을 관찰할 수 있는 놀이입니다.

 준비물

☐ 색이 있는 물   ☐ 기름
☐ 발포 비타민   ☐ 페트병

 소요 시간   5분

 필요 인원   1명

● 관련 단원 : 4학년 2학기 4단원 화산과 지진

 **궁금해요!**

용암은 어떤 특징이 있을까요?

 용암이란 땅속에 있는 마그마가 땅 위로 분출한 것을 말합니다. 이때 용암의 온도는 금과 은을 녹일 정도인 1,100℃입니다.

용암이 더 활발하게 올라오도록 하려면 어떻게 해야 할까요?

 발포 비타민의 개수를 늘립니다. 큰 페트병에 물과 기름의 양을 더욱 추가해서 놀이합니다.

 **놀이방법**

> 페트병 밖으로 액체가 튈 수 있으니 싱크대나 세면대에서 하면 좋습니다.

1 색이 있는 물, 기름, 발포 비타민, 페트병을 준비합니다.

2 색이 있는 물에 기름을 3/5 정도 넣어줍니다.

3 발포 비타민을 넣어줍니다.

4 변화를 관찰합니다.

 TIP
- 색이 있는 물은 물에 색소나 물감을 타도 좋고, 색이 있는 차를 타도 좋습니다.
- 페트병의 뚜껑을 닫아서 관찰해도 좋지만, 병 속 기압이 너무 빵빵하면 조금씩 열어주며 관찰합니다.

 **정리 및 재활용**

액체가 묻은 페트병은 깨끗하게 헹구어 재활용 쓰레기로 버립니다.

05 공기 대포
조준하고~ 쏘세요!

촛불 주위의 기체를 밀어내면 촛불이 꺼져요.
페트병과 풍선을 이용해 촛불을 끌 수 있는 공기 대포를 만들어보는 놀이입니다.

 준비물

☐ 페트병 ☐ 풍선 ☐ 테이프
☐ 종이컵 ☐ 초   ☐ 라이터

소요 시간 15분

필요 인원 1명

● 관련 단원 : 3학년 2학기 4단원 물질의 상태

 **궁금해요!**

바람을 일으키면 촛불이 꺼지는 건 무엇 때문일까요?
  초는 파라핀이라는 물질로 이루어져 있습니다. 불을 붙이면 고체에서 액체로 변한 파라핀이 심지를 타고 올라가 기체로 변하며 불이 계속 타오르게 됩니다. 입으로 바람을 불면 촛불이 꺼지는 것은 바람이 심지 주위의 기체 파라핀(탈 물질)을 날려버리기 때문이죠.

공기 대포는 어떤 원리를 가지고 있을까요?
  풍선을 당겼다 놓으면 풍선 안쪽에 있던 공기가 입구 쪽에 있던 공기를 밀어냅니다. 풍선에서 나온 공기 때문에 초 심지 주위의 기체 파라핀이 날아갑니다.

놀이방법

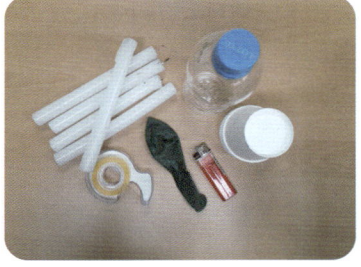

1 페트병, 풍선, 테이프, 종이컵, 초, 라이터를 준비합니다.

2 가위로 페트병 입구를 잘라냅니다.

TIP
- 페트병의 크기를 바꿔 만들어봅니다.
- 누가 더 강력한 공기 대포를 만들었는지 친구와 대결해볼 수도 있습니다.

잘라낸 페트병은 날카로우니 테이프로 감을 때 손을 다치지 않게 주의합니다.

3 가위로 잘라내 날카로운 테두리를 테이프로 한 번 감아줍니다.

4 풍선을 반으로 자릅니다.

5 페트병 입구에 풍선을 끼웁니다.

6 풍선이 페트병에 밀착되도록 테이프로 단단히 감아줍니다.

가위로 페트병을 자르는 것과 초를 사용할 때에는 반드시 어른과 함께합니다.

7 초를 종이컵에 꽂고 테이프로 바닥에 단단히 고정한 후 초를 향해 공기 대포를 겨눕니다.

8 풍선의 끝을 잡아 당겼다가 놓습니다.

TIP

초 대신 종이컵을 탑으로 쌓아 공기 대포로 무너뜨려보는 놀이도 재미있습니다.

 **정리 및 재활용**

다 사용한 공기 대포는 풍선과 페트병을 떼어낸 후 페트병은 재활용 쓰레기로, 나머지는 일반 쓰레기로 버립니다.

06 잡아라! 벌레잡이 통 만들기

벌레잡이 식물의 특징을 활용한 벌레잡이 통을 만들어요.
페트병, 과일 등을 이용해서 벌레잡이 통풀과 비슷한 벌레잡이 통을 만들어보는 놀이입니다.

 준비물

- ☐ 과일   ☐ 색 테이프   ☐ 가위
- ☐ 송곳   ☐ 돋보기   ☐ 페트병

소요 시간 15분

필요 인원 2명

● 관련 단원 : 4학년 2학기 1단원 식물의 생활

 궁금해요!

벌레잡이 통풀 식물은 어떤 특징을 가지고 있을까요?

벌레잡이 통풀은 잎의 가장자리에 꿀샘이 있어 달콤한 냄새로 곤충을 유혹합니다. 벌레잡이 통풀 가까이 온 곤충은 꿀샘에 앉아서 꿀을 빨아 먹다가 통 속으로 빠져버립니다. 벌레잡이 통풀의 잎에서 나오는 분비물은 매우 미끄럽답니다.

곤충이 통 안에서 밖으로 빠져나가지 못하는 이유는 무엇일까요?

이 놀이에 사용된 플라스틱컵은 함정입니다. 곤충이 먹이를 먹으러 함정 안으로 들어갑니다. 안으로 들어간 곤충은 내려가서 먹이를 먹은 후, 다시 올라오기에는 플라스틱컵이 길고 미끄러워 한 번 빠지면 다시 나오지 못하지요.

놀이방법

1 과일, 색 테이프, 가위, 송곳, 돋보기, 페트병을 준비합니다.

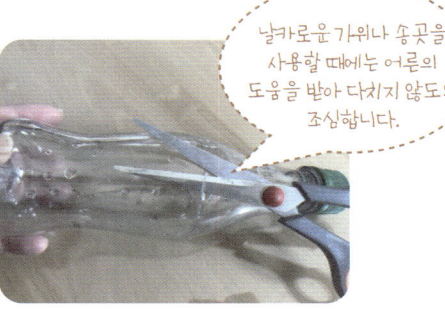

날카로운 가위나 송곳을 사용할 때에는 어른의 도움을 받아 다치지 않도록 조심합니다.

2 페트병을 반으로 자릅니다.

3 준비해둔 새콤달콤한 과일을 잘게 자릅니다.

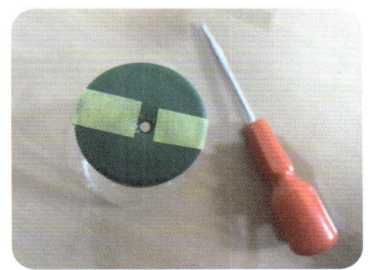

4 잘라낸 위쪽 페트병 뚜껑에 송곳으로 구멍을 뚫습니다.

5 벌레를 유인하기 위해, 반으로 자른 페트병 중 아래쪽 페트병에 과일들을 넣어줍니다.

6 반으로 자른 페트병 중 위쪽 페트병을 아래쪽 페트병 위에 뒤집어 끼우고 색 테이프로 두 페트병을 고정합니다.

7 바람이 잘 통하는 곳에 놓아두고 3~4 시간 간격으로 페트병 안을 관찰합니다.

 TIP

벌레잡이 통은 벌레잡이 통풀의 특징을 활용한 것이랍니다. 페트병의 미끄러운 입구가 벌레잡이 통풀의 미끄러운 잎 역할을 합니다. 다양한 벌레잡이 식물들의 특징을 활용해서 다른 모양의 벌레잡이 통도 만들어봅시다.

 **정리 및 재활용**

- 놀이에 사용한 페트병은 플라스틱 재활용 쓰레기로 버립니다.
- 놀이에 사용한 과일은 음식물 쓰레기로 버립니다.

07 스포이트 잠수함
위아래, 오르락내리락!

공기를 누르면 밀도가 커져요.
스포이트 안의 공기에 힘을 가하면 가라앉는 잠수함을 만들어보는 놀이입니다.

준비물
- ☐ 1.5L 페트병 ☐ 컵 ☐ 물
- ☐ 1회용 스포이트 3개
- ☐ 유성펜 ☐ 클립 ☐ 가위

 소요 시간 15분

 필요 인원 1명

● 관련 단원 : 3학년 2학기 4단원 물질의 상태

 궁금해요!

클립을 단 스포이트 잠수함이 물에 떠 있는 이유는 무엇일까요?
물질과 관련이 있는 놀이입니다. '밀도'는 공간에 물질이 얼마나 꽉 차 있는지를 나타냅니다. 물이 꽉 찬 스포이트 잠수함은 클립이 달려 물보다 '밀도'가 큽니다. 가라앉아야 하지요. 하지만 스포이트 잠수함 속에는 또 다른 물질이 들어 있습니다. 바로 공기입니다. 공기는 물보다 밀도가 작기 때문에 스포이트 잠수함은 물에 떠 있게 되는 것이랍니다.

페트병을 누르면 스포이트 잠수함에게 어떤 일이 일어날까요?
페트병을 손으로 누르는 순간, 페트병 안의 공기는 밀려오는 물에 의해 압축되고 잠수함의 밀도가 처음보다 커져 아래로 가라앉습니다.

 **놀이방법**

1 1.5L 페트병, 컵, 물, 1회용 스포이트 3개, 유성펜, 클립, 가위를 준비합니다.

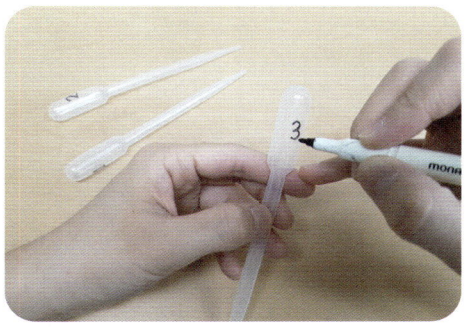

2 유성펜으로 3개의 스포이트에 각각 1번부터 3번까지 번호를 적어줍니다.

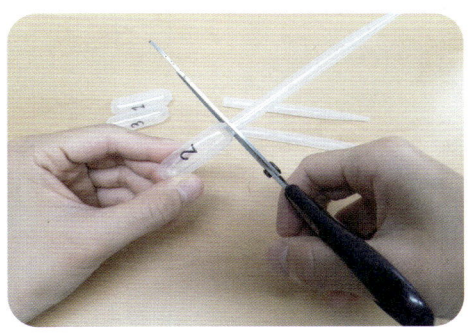

3 스포이트의 손잡이 아래를 가위로 잘라내세요. 나머지 스포이트도 같은 방법으로 준비합니다.

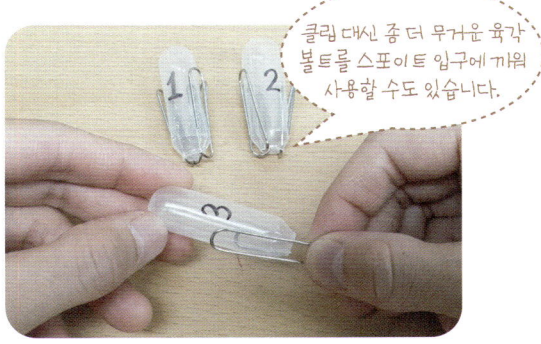

클립 대신 좀 더 무거운 육각 볼트를 스포이트 입구에 끼워 사용할 수도 있습니다.

4 클립을 3개씩 스포이트에 끼웁니다.

5 물이 담긴 컵을 준비한 후 스포이트 안에 물을 채워줍니다. 스포이트를 손으로 누른 채 물에 넣고 손을 떼면 물이 채워집니다.

6 물을 꽉 채우기보다 살짝 덜어주세요. 그럼 스포이트 끝이 물 표면에 살짝 나오게 되어 좋습니다.

스포이트 잠수함을 물에 처음 띄울 때 1, 2, 3번 모두 떠 있는 높이가 같아야 정확한 실험을 할 수 있습니다.

물을 아주 조금만 빼내면 잠수함을 페트병 가운데 떠 있게 만들 수 있습니다.

7 1.5L 페트병에 물을 일부 채운 뒤, 1번 스포이트를 띄웁니다.

8 2번 스포이트는 물을 3방울, 3번 스포이트는 물을 6방울 짜낸 뒤, 페트병 속에 띄웁니다.

9 페트병의 남은 부분에 물을 거의 끝까지 채운 뒤 뚜껑을 잠급니다.

TIP
스포이트 잠수함 내부의 물을 너무 많이 빼내면 아무리 세게 페트병을 눌러도 잠수함이 잘 내려가지 않습니다.

 정리 및 재활용

클립은 분리하여 재사용하고, 스포이트와 페트병은 재활용 쓰레기로 버립니다.

10 페트병을 손으로 누르면 1번부터 순서대로 아래로 내려옵니다. 손을 떼면 다시 올라가는 것을 관찰할 수 있습니다.

02
빨대로 하는 과학놀이

08 빨대 구조물

가벼운 빨대지만 무거운 것도 끄떡없어요!

삼각형은 구조물이 잘 버틸 수 있게 도와줘요.
안정적인 구조의 삼각형을 이용해 무거운 책을 버티는 빨대 구조물을 만들어보는 놀이입니다.

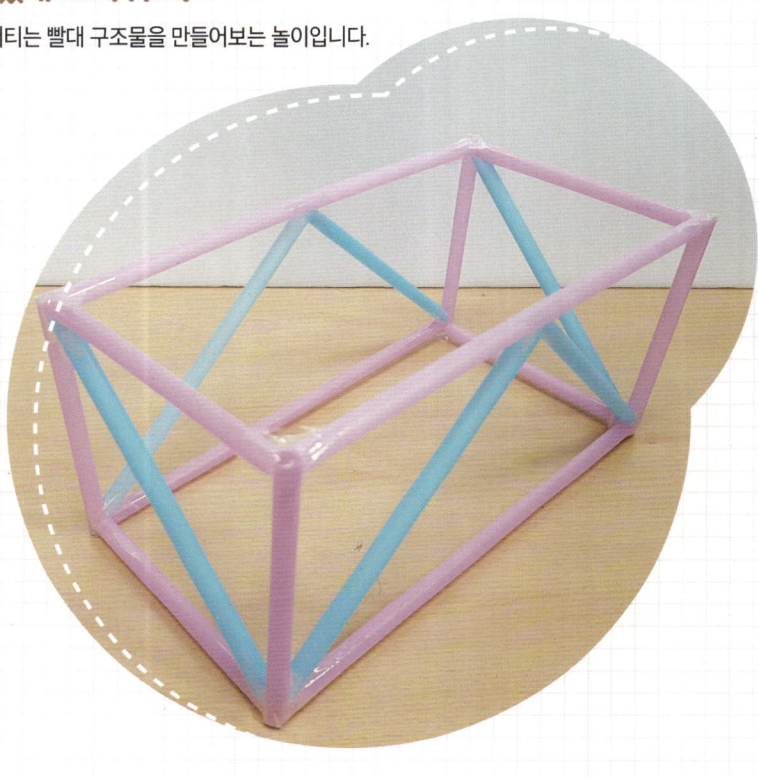

 준비물

☐ 빨대   ☐ 테이프
☐ 가위

 **소요 시간**   20분

 **필요 인원**   1명

● 관련 단원 : 4학년 2학기 4단원 화산과 지진

 궁금해요!

무거운 무게를 잘 버티는 구조물은 어떤 특징이 있을까요?

트러스 구조로 이루어져 있습니다. 트러스는 곧은 재료를 삼각형 모양으로 이은 구조입니다. 이 놀이에서 만든 다리 모양을 살펴보면 3개의 삼각형이 한 꼭짓점에서 만나는 것을 확인할 수 있습니다. 트러스 구조는 무게를 여러 군데로 분산시켜 무거운 무게를 버틸 수 있게 해준답니다.

외부의 힘에 잘 버틸 수 있는 도형은 어떤 도형일까요?

삼각형입니다. 원, 사각형과 같은 도형은 옆에서 미는 힘이나 위에서 누르는 힘에 금방 찌그러지고 맙니다. 하지만 삼각형은 훨씬 안정적입니다.

 놀이방법

1 빨대, 테이프, 가위를 준비합니다.

2 가위와 테이프를 이용해 빨대를 직사각형 모양으로 만듭니다.

 TIP 테이프 대신 글루건을 사용해도 좋습니다.

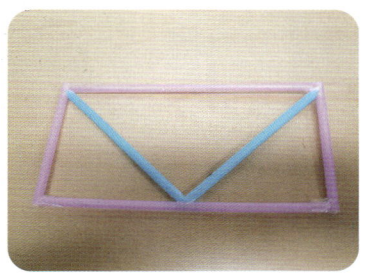

3 2개 대각선을 이어 붙여 삼각형 모양을 만듭니다.

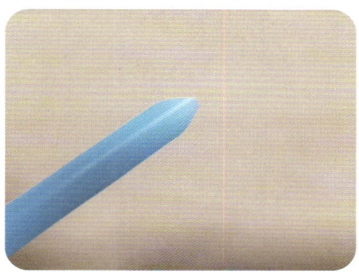

4 빨대 끝을 뾰족하게 자르고 연결하면 쉽습니다.

5 같은 모양을 2개 만듭니다.

빨대를 하나하나 튼튼하게 연결합니다.

6 2개를 이어 붙입니다.

7 대각선을 만들어줍니다.

처음부터 무거운 책을 올려놓기보다는 조금씩 무게를 늘려가며 실험하는 것이 좋습니다.

8 빨대 구조물 위에 책을 올려봅니다.

 TIP 삼각형을 활용한 또 다른 트러스 구조를 만들어보고 어느 정도의 무게까지 버틸 수 있는지 실험해볼 수 있습니다.

 정리 및 재활용

빨대와 테이프는 분리해 정리합니다.

09 빨대 플루트

도레미송을 불러보아요~

빨대 플루트로 노래를 연주해요.
다양한 길이의 빨대를 이용해서 악기를 만들어 연주합니다.

준비물

☐ 빨대   ☐ 가위   ☐ 테이프

 소요 시간 5분

필요 인원 1명

● 관련 단원 : 3학년 2학기 5단원 소리의 성질

 **궁금해요!**

악기가 소리를 내는 원리는 무엇일까요?

 소리는 물체가 진동하면서 주변의 공기를 진동함으로써 생긴답니다. 소리가 나는 물체에 손을 대보면 떨림이 느껴집니다. 우리가 빨대 플루트를 불면 진동하는 공기가 각기 다른 길이의 빨대 안의 공기를 움직여 모두 다른 소리를 내게 되는 것이에요. 빨대가 두꺼울수록 크고 낮은 소리가, 빨대가 얇을수록 작고 높은 소리가 난답니다.

빨대의 길이에 따라 소리는 어떠할까요?

 빨대의 길이에 따라 소리의 높낮이가 달라집니다. 빨대 길이가 길수록 공기의 진동수가 낮아져 낮은 소리가 나고, 빨대의 길이가 짧을수록 공기의 진동수가 높아져 높은 소리가 납니다.

 놀이방법

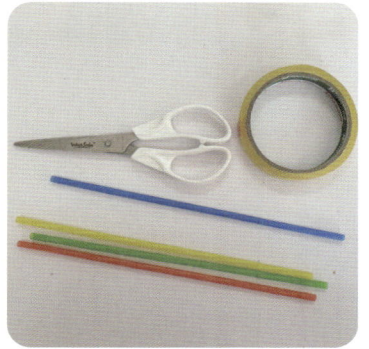

1 빨대, 가위, 테이프를 준비합니다.

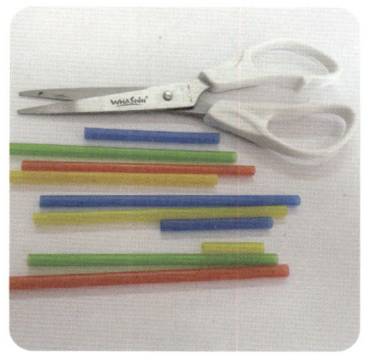

2 빨대를 다양한 길이로 잘라줍니다.

 TIP
두꺼운 빨대는 더 정확한 소리를 낼 수 있습니다.

3 빨대를 길이 순서대로 나란히 놓습니다.

4 빨대의 아랫부분을 테이프로 고정합니다.

빨대 플루트 아랫부분으로 바람을 넣어야 소리가 더 잘납니다.

5 빨대 플루트를 잡고 바람을 불어넣어 소리를 냅니다.

 TIP
빨대의 길이를 다양하게 할수록 여러 가지 소리를 낼 수 있습니다.

 정리 및 재활용

빨대는 재활용 쓰레기로 버립니다.

10 빨대 손가락

내 몸속의 뼈를 살펴보아요!

빨대로 손가락을 만들어 가위바위보 놀이를 해요.
빨대로 손가락 관절을 만들어 움직이며 가위바위보 놀이를 합니다.

 준비물

☐ 빨대 ☐ 실 ☐ 가위
☐ 네임펜 ☐ 테이프

 소요 시간 15분

 필요 인원 1명

● 관련 단원 : 6학년 2학기 4단원
　　　　　　 우리 몸의 구조와 기능

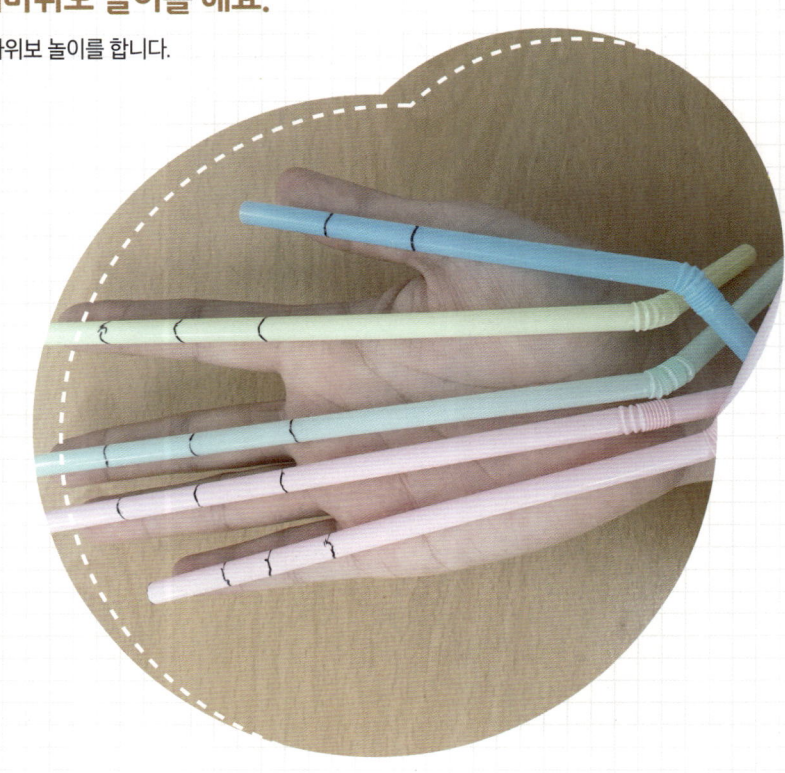

 **궁금해요!**

빨대 손가락 놀이에서 빨대, 실은 각각 실제 우리 몸에서 무엇을 나타내는 걸까요?

 빨대는 뼈, 실은 근육을 나타냅니다.

손가락은 어떤 특징을 가지고 있을까요?

팔뼈 중 손가락은 쉽게 구부리거나 펼 수 있어 다양하고 세밀한 활동을 할 수 있습니다. 이때 근육은 뼈와 연결되어 있으며 늘어나거나 줄어들며 우리 몸을 움직일 수 있게 합니다.

 **놀이방법**

1 빨대, 실, 가위, 네임펜, 테이프를 준비합니다.

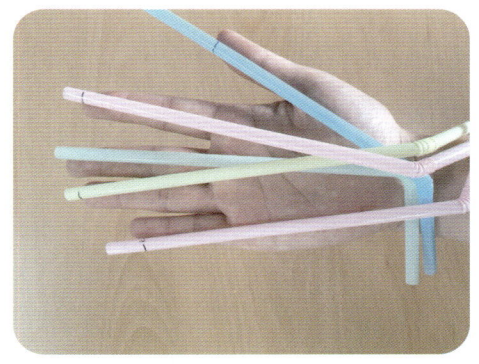

2 실제 내 손가락 길이에 맞추어 네임펜으로 표시합니다.

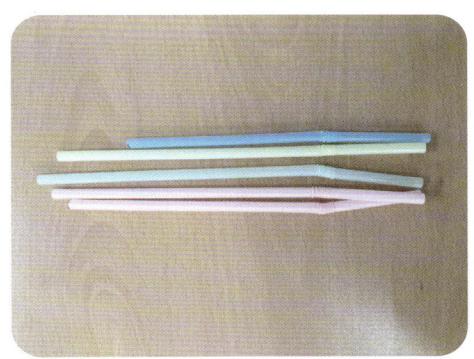

3 네임펜으로 표시한 곳을 따라 가위로 자릅니다.

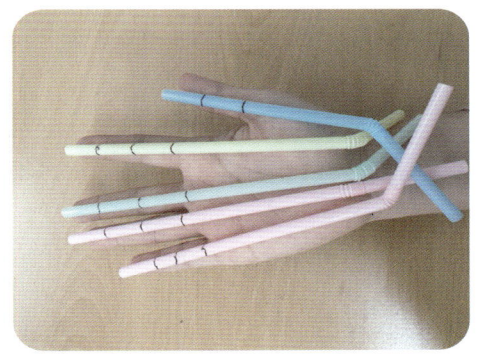

4 빨대를 손가락 위에 대고 손가락이 굽어지는 마디를 네임펜으로 표시합니다.

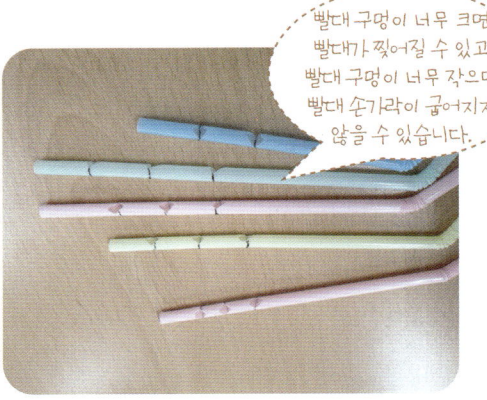

빨대 구멍이 너무 크면 빨대가 찢어질 수 있고 빨대 구멍이 너무 작으면 빨대 손가락이 굽어지지 않을 수 있습니다.

5 네임펜으로 표시한 곳에 가위로 1/2 정도 구멍을 내줍니다. 이때 모두 아래쪽 방향으로 구멍을 내줍니다.

TIP

- 두꺼운 빨대를 이용하면 더욱 수월하게 만들 수 있습니다.
- 빨대에 구멍을 낼 때 모두 아래 방향으로 구멍을 냅니다.
- 손가락 빨대 5개를 테이프로 붙일 때 모두 아래 방향을 향하도록 붙여줍니다.

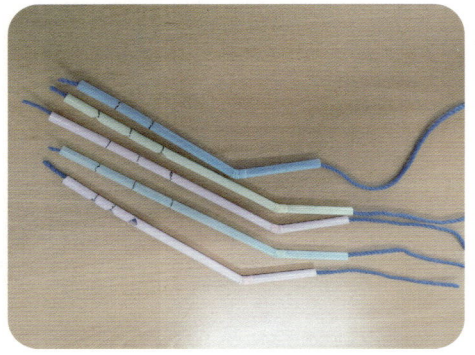

6 5개 빨대를 통과하는 실을 끼워줍니다.

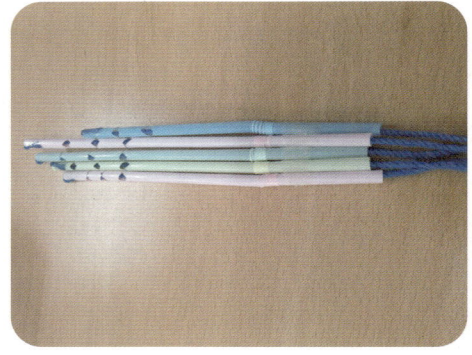

7 각 빨대의 실 위 끝부분과 빨대 전체 아랫부분을 테이프로 강하게 붙여줍니다. 이때 가위로 자른 구멍이 모두 아래 방향을 향하도록 붙여줍니다.

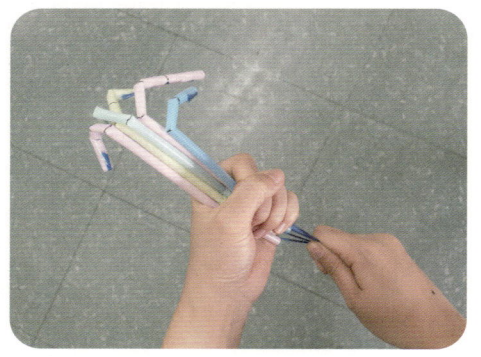 ▶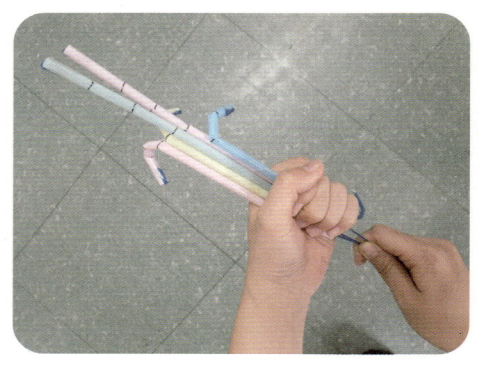

8 실을 당기며 가위바위보 놀이를 합니다.

9 모두 세게 당기면 바위, 하나도 당기지 않으면 보, 집게손가락과 가운뎃손가락 빼고 당기면 가위를 만들 수 있습니다.

 정리 및 재활용

- 실과 빨대를 분리하여 정리합니다.
- 빨대에 구멍을 내고 남은 작은 빨대 조각은 일반 쓰레기로 버립니다.

11 네모 비눗방울
네모의 꿈

세제는 물이 얇게 퍼질 수 있게 도와줘요.
모루로 상자를 만들어 네모난 상자 모양의 비눗방울을 만들어보는 놀이입니다.

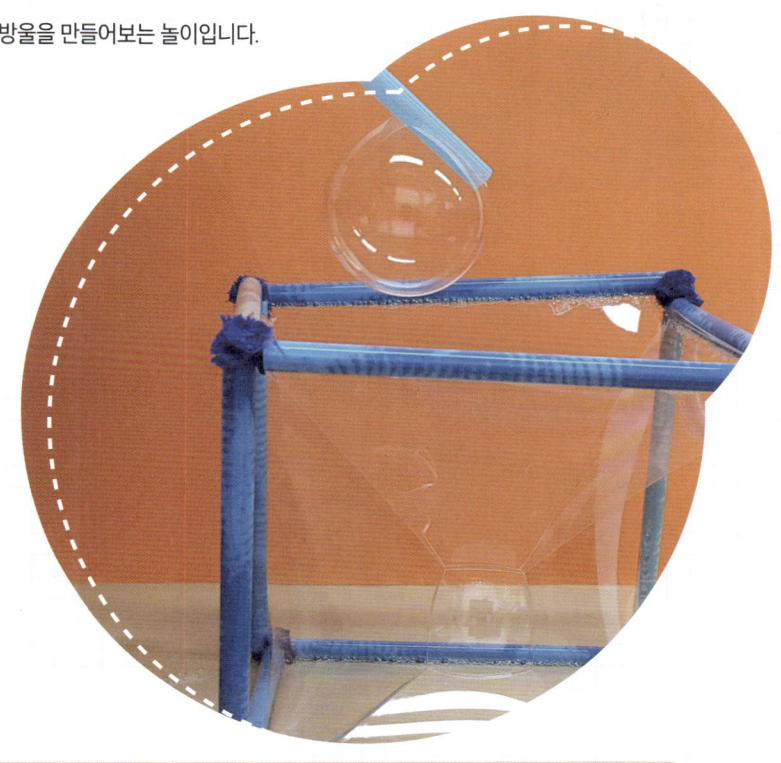

준비물

☐ 모루 ☐ 빨대 ☐ 가위
☐ 컵 ☐ 주방 세제 ☐ 물엿
☐ 깊이가 있는 수조

소요 시간  20분

필요 인원 1명

● 관련 단원 : 3학년 2학기 4단원 물질의 상태

궁금해요!

대부분의 비눗방울이 동그란 모양을 하는 이유는 무엇일까요?

  액체가 표면적을 작게 만들려 하는 힘을 '표면장력'이라고 합니다. 물은 표면장력이 강하지만 세제를 섞으면 표면장력이 약해져 비눗방울로 불어낼 수 있습니다. 비눗방울이 동그란 이유는 공기를 담아내기 위해 가장 작은 표면적을 사용하는 모양이 바로 공 모양이기 때문입니다.

네모 모양의 비눗방울을 만들 수 있는 이유는 무엇일까요?

  역시 표면장력과 관련이 있습니다. 비눗물이 상자의 모서리에 달라붙으며 표면적을 최소화하기 위해 상자 모양으로 나타나게 됩니다. 하지만 비눗방울을 자세히 들여다보면 여전히 둥그스름한 모양이 나타나려 한다는 것을 알 수 있답니다.

놀이방법

1 모루, 빨대, 가위, 컵, 주방 세제, 물엿, 깊이가 있는 수조를 준비합니다.

2 모루를 가위로 잘라 14cm 길이 12개를 만듭니다. 빨대는 12cm 길이로 잘라 12개 준비합니다.

3 모루를 3개씩 꼬아 사진과 같은 모양으로 만들어줍니다.

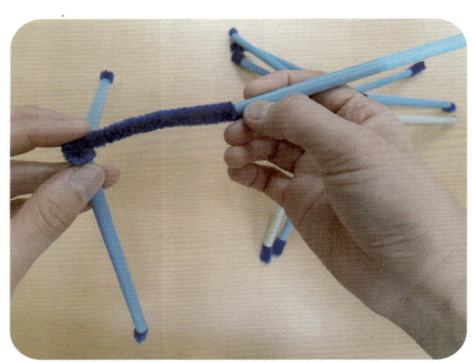

4 모든 모루에 빨대를 하나씩 꽂아줍니다.

모루로 상자를 크게 만들면 비눗방울 용액도 많이 필요하니 적당한 크기로 만듭니다.

5 만나는 꼭짓점을 꼬아 상자 모양으로 만듭니다.

6 이런 모양이 됩니다.

물엿 대신 올리고당이나 약간의 밀가루를 섞어도 좋습니다.

7 물을 담은 수조에 주방 세제 1컵, 물엿 1컵을 넣어 잘 섞어줍니다.

빨대로 비눗방울을 불 때 숨을 들이마시지 않도록 주의합니다.

8 빨대로 불어 비눗방울이 만들어지는지 확인합니다.

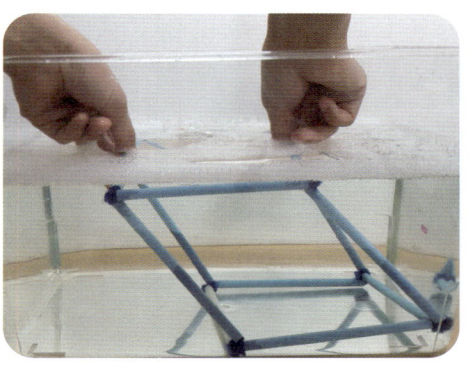

9 모루로 만든 상자를 수조 끝까지 잠시 담갔다가 꺼냅니다.

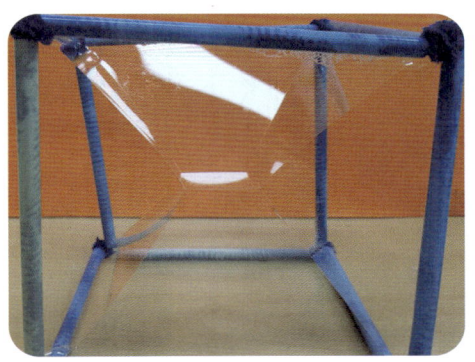

10 상자를 살짝 흔들어 사진과 같은 모양의 막이 만들어졌다면 조심히 바닥에 놓아줍니다.

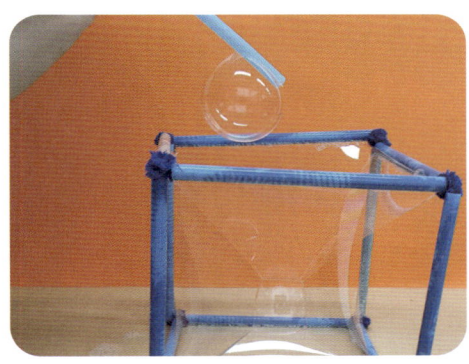

11 빨대로 큰 비눗방울을 하나 불어 상자 위에 살짝 놓아줍니다.

12 비눗방울이 쏙 들어가며 네모 비눗방울이 만들어집니다.

 TIP

모루를 이용해 또 다른 모양의 비눗방울 틀을 만들어 봅니다.

 **정리 및 재활용**

- 상자를 바닥에 내려놓으며 생긴 물은 깨끗이 닦아 정리합니다.
- 비눗방울 용액은 두었다가 설거지할 때 사용할 수 있습니다.

12 막대 탑 쌓기
차곡차곡~

막대를 쓰러지지 않게 높이 쌓으며 놀이해요.
다양한 긴 막대를 이용해 무너지지 않게 높이 쌓아 올리며 놀이합니다.

 준비물
☐ 막대(나무젓가락, 이쑤시개, 빨대 등)

 소요 시간 5분

 필요 인원 1명

● 관련 단원 : 4학년 1학기 4단원 물체의 무게

 **궁금해요!**

막대를 높이 쌓으려면 어떻게 해야 할까요?

 수평을 잘 잡아주어야 합니다. 이때 수평이란 기울지 않은 상태를 말합니다. 막대를 1개씩 높이 쌓는 과정에서 힘이 한쪽으로 치우쳐 기울거나 무너지지 않게 수평을 잘 잡아야 하지요. 수평을 잘 잡아주어 힘이 안정적으로 분산되어야 높고 튼튼하게 탑을 쌓을 수 있답니다.

 **놀이방법**

1 막대(나무젓가락, 이쑤시개, 빨대 등)를 준비합니다.

2 막대를 1개씩 쌓아 올려줍니다.

3 계속해서 높이 올려줍니다.

4 삼각으로 쌓아 올려도 좋습니다.

 탑이 무너질 때 다치지 않도록 주의합니다.

5 이쑤시개, 나무젓가락 등으로 놀이해도 좋습니다.

TIP

- 젓가락, 이쑤시개, 빨대, 나뭇가지 등 다양한 준비물을 이용해 놀이할 수 있습니다.
- 사각으로 쌓아 올려도 좋고, 삼각으로 쌓아 올려도 좋습니다.

 **정리 및 재활용**

나무젓가락은 나무로 만들었지만 일반 쓰레기로 버립니다.

13 빨대 뗏목
두둥실~ 떠다녀요!

부력을 이용해 무거운 동전을 물위에 띄워보세요.

물에는 쉽게 가라앉아버리는 동전을 빨대 뗏목을 이용해 띄워보는 놀이입니다.

 준비물

- ☐ 빨대 ☐ 가위
- ☐ 테이프 ☐ 동전

 소요 시간 3분

 필요 인원 1명

● 관련 단원 : 4학년 1학기 4단원 물체의 무게

 **궁금해요!**

동전은 왜 물 속에 가라앉을까요?

부력은 물이 물체를 밀어 올리는 힘입니다. 동전은 속까지 가득 찬 단단하고 무거운 금속 덩어리이기 때문에 부력이 거의 없습니다. 따라서 물속으로 가라앉게 됩니다.

빨대가 동전을 띄울 수 있는 이유는 무엇일까요?

부력은 물이 물체를 밀어 올리는 힘입니다. 빨대는 플라스틱을 얇게 펴서 만들었고 속은 공기가 차 있기 때문에 물에 잘 뜹니다. 부력이 크다는 말입니다. 빨대의 부력이 커서 몇 개쯤은 물 위에 뜨게 만들 수 있는 것이지요.

놀이방법

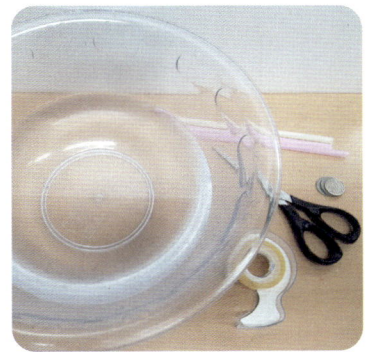

1 빨대, 테이프, 가위, 동전을 준비합니다.

2 빨대를 적당한 길이로 잘라줍니다.

빨대 뗏목이 너무 작거나 뗏목의 옆면이나 구멍을 막지 않으면 물이 들어가 금세 가라앉습니다.

3 테이프를 이용해 뗏목처럼 빨대를 나란히 이어 붙여줍니다. 빨대의 구멍도 테이프로 막아줍니다.

4 빨대 뗏목을 물 위에 살며시 띄웁니다.

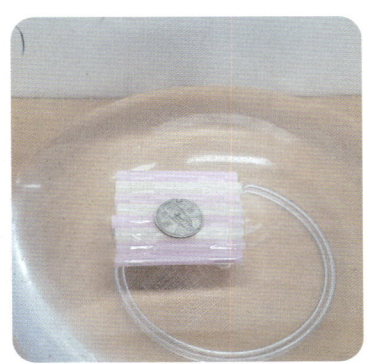

5 동전을 하나씩 올려봅니다.

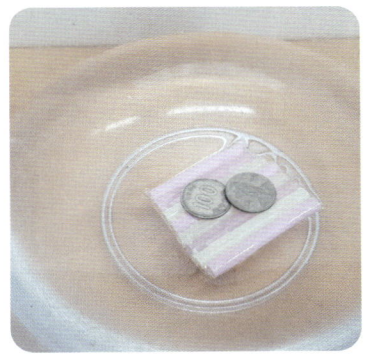

6 동전을 몇 개까지 올릴 수 있는지 실험해봅니다.

 TIP
- 빨대로 만든 뗏목의 면적이 넓을수록 더 많은 동전을 실을 수 있습니다.
- 같은 개수의 빨대를 가지고 각자 자신만의 뗏목을 만든 다음, 누구의 뗏목이 더 많은 무게의 동전을 실을 수 있는지 친구와 대결해볼 수 있습니다.
- 동전을 쌓는 방법에 따라서도 실을 수 있는 동전의 개수가 달라질 수 있습니다.

플라스틱 빨대는 재활용 쓰레기로 버립니다.

14 빨대 미로
알쏭달쏭~ 요리조리~

작은 구슬로 빨대 미로를 빠르게 통과해요.

빨대를 이용해 만든 복잡한 미로를 작은 구슬이 통과하는 놀이입니다.

준비물

- □ 빨대   □ 작은 구슬
- □ 우드락   □ 테이프   □ 가위

소요 시간 15분

필요 인원 1명, 여러 명 가능

● 관련 단원 : 6학년 2학기 5단원 에너지와 생활

궁금해요!

빨대 미로 놀이는 어떤 과학 원리를 이용한 것일까요?

운동 에너지와 위치 에너지와 밀접한 연관이 있습니다. 위치 에너지란 어떤 위치에 있는 물체가 가지는 에너지입니다. 운동 에너지란 운동하는 물체가 가진 에너지입니다. 이 놀이에서는 위치 에너지와 운동에너지 사이에 변환이 일어나며 구슬이 움직입니다. 미로를 통과시키기 위해 우드락을 요리조리 움직이는 과정에서 구슬에 에너지가 작용한답니다.

구슬을 떨어지지 않게 하려면 어떻게 해야 할까요?

우드락의 수평을 잘 잡아가며 구슬을 이동합니다.

작은 구슬은 잃어버리지 않도록 종이컵 안에 넣어 보관하면 좋습니다.

두꺼운 빨대를 이용하면 가벽이 더 높아져서 놀이하기 좋습니다.

1 빨대, 구슬, 우드락, 테이프, 가위를 준비합니다.

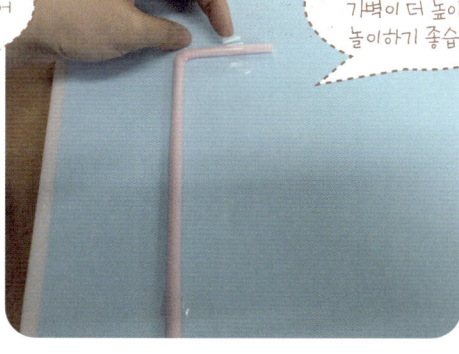

2 빨대를 우드락에 테이프로 붙여가며 미로를 만듭니다.

3 빨대를 추가하여 길을 만듭니다.

4 빨대 길이를 가위로 잘라 조절하며 길을 만듭니다.

5 미로를 완성합니다.

6 출발, 도착 지점을 표시합니다.

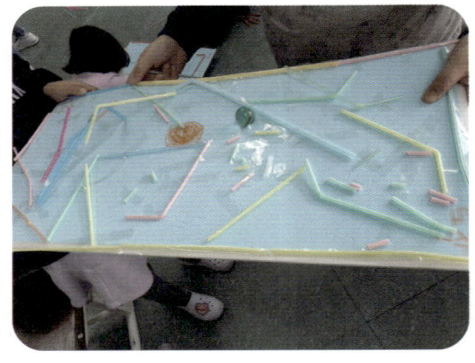

7 구슬을 굴려 미로를 통과하는 놀이를 합니다. 혼자 할 수도 있고, 여러 명이 힘을 합쳐서 할 수도 있습니다.

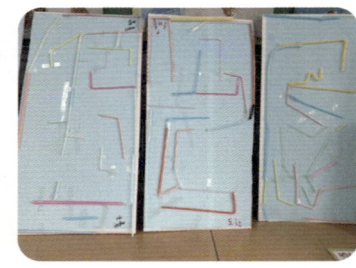

8 다양한 미로판을 만들 수 있습니다.

TIP

- 작은 구슬 대신 크기가 다른 구슬, 스티로폼 탁구공, 종잇조각을 뭉친 덩이 등으로 다양하게 놀이할 수 있습니다.
- 빨대 미로를 입체적으로 만들어볼 수 있습니다.
- 혼자 놀이할 수도 있고, 여러 명이 1개의 판을 잡고 놀이하며 협동심을 기를 수도 있습니다.

정리 및 재활용

- 우드락은 잘게 조각내어 일반 쓰레기로 버립니다.
- 긴 빨대는 재활용 쓰레기로, 잘게 조각낸 빨대는 일반 쓰레기로 버립니다.

15 체조하는 종이 인형

금메달 확정~

균형을 잡아 체조하는 종이 인형을 만들어요.
무게중심을 활용해 여러 번 회전하는 체조 인형을 만들어보는 놀이입니다.

 준비물

☐ 우드락 ☐ 나무꼬치 ☐ 빨대
☐ 종이   ☐ 자   ☐ 칼   ☐ 풀
☐ 사인펜

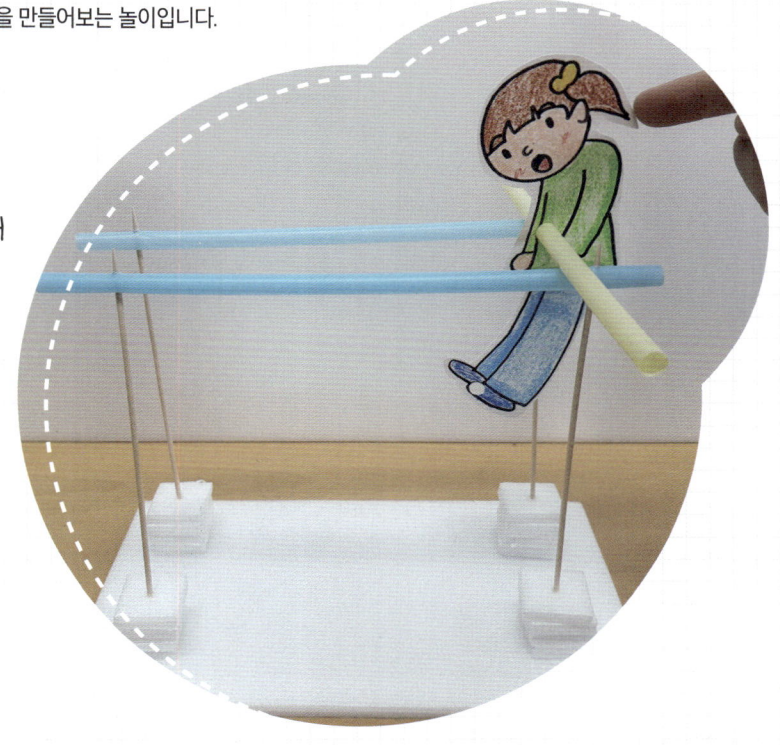

 **소요 시간** 20분

 **필요 인원** 1명

● 관련 단원 : 4학년 1학기 4단원 물체의 무게

 궁금해요!

오랫동안 회전하는 인형을 만들려면 어떻게 해야 할까요?

무게중심을 잘 찾아 빨대를 꽂습니다. 균형을 잘 잡아주어야 합니다. 무게중심은 말 그대로 물체가 가진 무게의 중심점, 균형점을 의미합니다.

인형의 무게중심은 어떻게 찾을 수 있을까요?

종이 인형을 손가락 끝에 세워 기울어지지 않는 점을 찾습니다. 이곳이 무게중심입니다. 이곳은 실로 매달아도, 손끝에 올려도 물체가 어느 쪽으로도 기울지 않고 균형을 잘 잡습니다. 종이 인형을 툭 치면 끝에 다다를 때까지 쉬지 않고 회전하는 것을 볼 수 있는데, 이는 회전축이 되는 빨대가 종이 인형의 무게중심에 자리 잡고 있기 때문입니다.

놀이방법

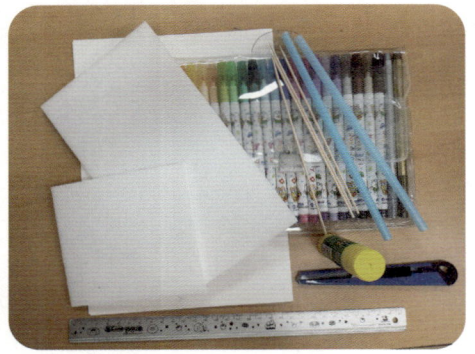

1 우드락, 나무꼬치, 빨대, 종이, 자, 칼, 풀, 사인펜을 준비합니다.

2 우드락을 2cm×2cm 크기로 16개 오려줍니다.

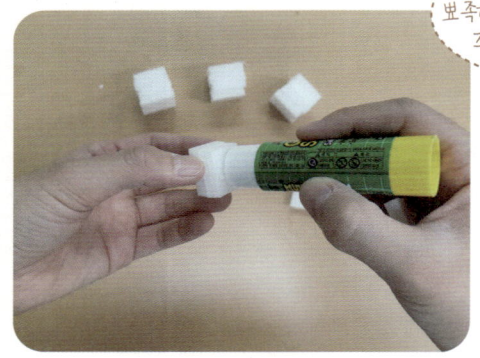

3 4개씩 겹쳐 풀로 고정합니다.

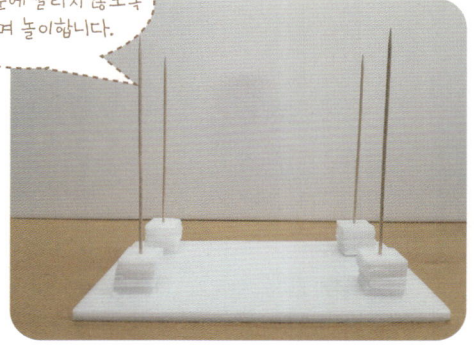

나무꼬치의 뾰족한 부분에 찔리지 않도록 조심하며 놀이합니다.

4 우드락 조각을 판 모서리에 각각 붙이고 나무꼬치를 4개 꽂아줍니다.

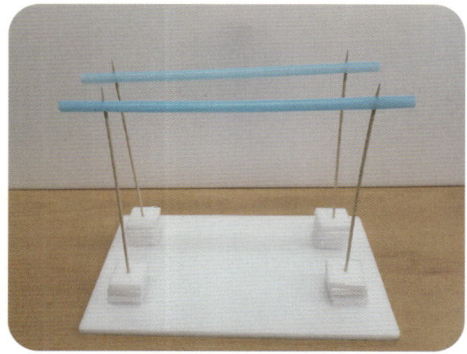

5 나무꼬치 끝에 빨대 2개를 꽂아 평행봉의 모습으로 만들어줍니다.

너무 얇은 종이에 인형을 그리면 무게중심을 찾기 어려우므로 도화지처럼 두께가 있는 종이가 좋습니다.

6 두꺼운 종이에 막대에 매달려 있는 사람의 모습을 그려서 오려줍니다.

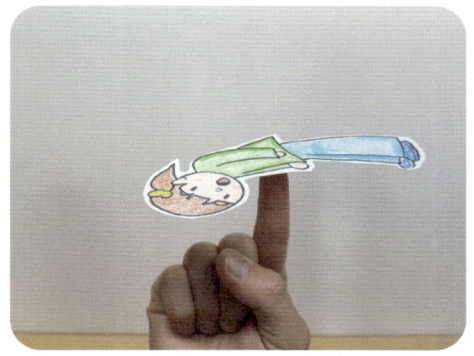

7 종이 인형을 손가락 끝에 세워 기울어지지 않는 지점인 무게중심을 찾아줍니다.

8 그 위치에 구멍을 뚫고 빨대를 꽂습니다.

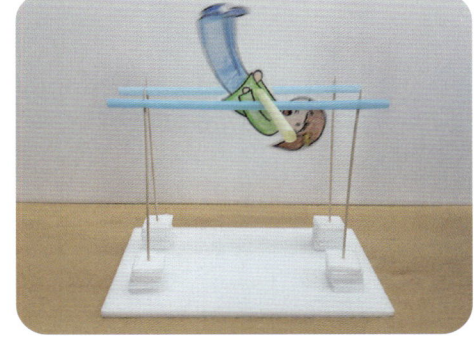

9 평행봉 위에 종이 인형을 올리고 머리나 다리 부분을 툭 쳐줍니다.

빨대와 우드락은 재활용 쓰레기로, 나무꼬치는 일반 쓰레기로 버립니다.

16 빨대 롤러코스터
스피드를 즐겨보아요~

빨대를 이용해 롤러코스터를 만들어보아요.
빨대를 이용해 만든 신나는 롤러코스터에 구슬을 굴리는 놀이입니다.

 준비물

☐ 빨대   ☐ 종이컵   ☐ 구슬
☐ 테이프

 소요 시간 15분

 필요 인원 1명, 여러 명 가능

● 관련 단원 : 6학년 2학기 5단원 에너지와 생활

궁금해요!

빨대 롤러코스터는 어떤 과학 원리를 이용한 것일까요?

출발 지점에 있는 구슬은 높은 위치 에너지를 가지고 있습니다. 구슬이 움직이기 시작하면 길을 타고 아래로 내려가면서 위치 에너지가 운동 에너지로 바뀝니다. 이렇게 위치 에너지와 운동 에너지의 변환을 이용한 놀이입니다.

구슬이 떨어지지 않게 롤러코스터를 이동하려면 어떻게 해야 할까요?

 빨대 롤러코스터 길이 안으로 모이게 만듭니다.

 놀이방법

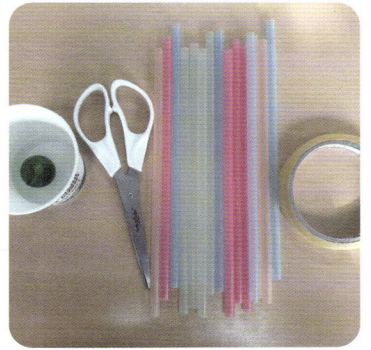

1 빨대, 구슬, 가위, 테이프, 종이컵을 준비합니다.

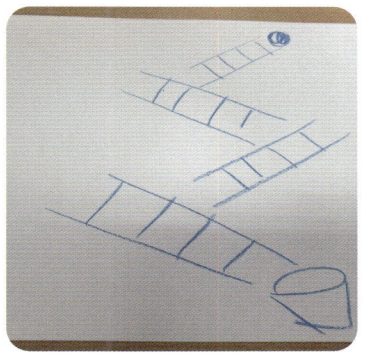

2 롤러코스터 길을 종이에 먼저 설계합니다.

빨대를 벽 쪽으로 기울여서 고정을 하면 구슬이 아래로 떨어지지 않을 수 있습니다.

3 깨끗한 벽에 테이프를 이용해 빨대를 고정해 롤러코스터 길을 만들어줍니다.

구상한 설계도를 바탕으로 하되 얼마든지 변경 가능하도록 합니다.

4 시시때때로 구슬을 굴려보며 시행착오를 거쳐 수정을 반복합니다.

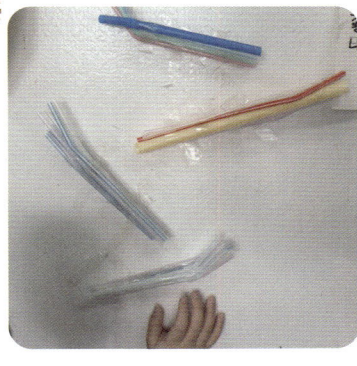

5 빨대를 여러 개 겹쳐 길을 두껍게 만들 수도 있습니다.

종이컵은 구슬이 떨어질 때 엉뚱한 곳으로 가지 않도록 막아줍니다.

6 롤러코스터 마지막 길에 종이컵을 붙여줍니다.

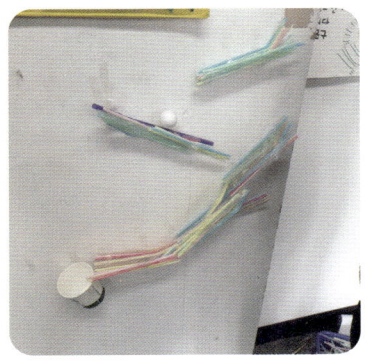

7 구슬을 굴려줍니다. 탁구공을 사용할 수도 있습니다.

8 다양하게 만들 수 있습니다.

 TIP

- 빨대를 1개만 사용해 길을 만들 수도 있고, 여러 개를 겹쳐 길을 만들 수도 있습니다.
- 빨대 경사 및 기울기에 따라 구슬의 속도를 조절할 수 있습니다.

 정리 및 재활용

빨대는 재활용 쓰레기로 버립니다.

17 하늘 위에 둥둥~ 떠다니는 탁구공

물체의 표면을 빠르게 지나가는 공기는 누르는 힘이 줄어듭니다.
아무리 세게 불어도 밖으로 나가지 못하는 탁구공을 관찰해볼까요?

 준비물
- 뚜껑이 있는 페트병
- 탁구공 □ 주름 빨대
- 송곳 □ 테이프 □ 칼

🕐 **소요 시간** 20분

😀 **필요 인원** 1명

● 관련 단원 : 3학년 2학기 4단원 물질의 상태

 **궁금해요!**

탁구공이 페트병 밖으로 쉽게 벗어나지 못하는 이유는 무엇일까요?

공기의 흐름과 관련이 있습니다. 수학자였던 베르누이는 공기의 흐름을 관찰하다가 놀라운 사실을 발견했습니다. 공기가 물체의 표면을 빠르게 지나가면 공기가 누르는 힘이 줄어들고, 느리게 지나가면 그 힘이 증가한다는 것입니다. 떠다니는 탁구공에서도 같은 원리를 발견할 수 있습니다. 공기를 세게 불 때 탁구공 바로 옆면의 공기는 빠른 속도가 되며 약한 힘을 갖게 됩니다. 반면 바깥에 있는 공기는 변함없는 공기 양으로 상대적으로 힘이 강해지지요. 따라서 탁구공은 공기의 흐름에 따른 힘 차이로 밖으로 튀어나가지 못하고 안에서 오르락내리락만 하게 되는 것이랍니다.

놀이방법

1 뚜껑이 있는 페트병, 탁구공, 주름 빨대, 송곳, 테이프, 칼을 준비합니다.

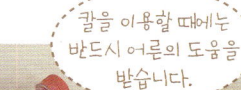
칼을 이용할 때에는 반드시 어른의 도움을 받습니다.

2 테이프의 경계선을 따라 칼로 페트병을 자릅니다. 페트병 절단면을 테이프로 붙여 안전하게 놀이합니다.

3 송곳으로 페트병 뚜껑에 구멍을 뚫습니다. 빨대가 들어갈 정도의 구멍을 뚫어줍니다.

빨대를 페트병 뚜껑에 통과시킨 후 충분히 안으로 밀어 넣어줍니다.

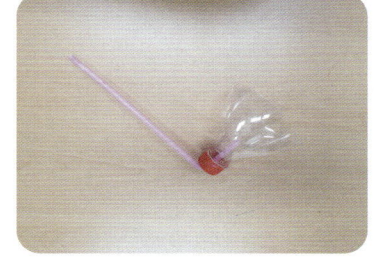

4 주름 빨대의 짧은 부분이 뚜껑 구멍에 위치하게 합니다. 구멍이 커서 헐거우면 테이프로 틈새를 막아줍니다.

5 페트병에 뚜껑을 끼웁니다.

TIP

■ 떠 있는 탁구공에 휴지심을 통과시켜봅니다. 탁구공이 순식간에 솟구칩니다. 휴지심이 탁구공을 눌러주던 주변의 공기를 차단하기 때문입니다.

■ 헤어드라이어로 탁구공을 띄울 수도 있습니다. 헤어드라이어에서 바람을 모아주는 부품을 분리한 후 헤어드라이어를 위로 향하여 작동시킵니다. 탁구공을 살며시 띄우면 같은 현상을 관찰할 수 있습니다.

6 페트병 안에 탁구공을 넣습니다.

7 빨대를 세게 불어봅니다. 아무리 세게 불어도 나가지 못하고 공중에서 오르락내리락하는 탁구공을 관찰할 수 있습니다.

정리 및 재활용

페트병과 빨대는 재활용 쓰레기로 버립니다.

02 빨대로 하는 과학놀이 **57**

03
클립으로 하는 과학놀이

18 자석 낚시
월척을 낚아보자!

자석은 철로 된 물체를 끌어당겨요.
철로 된 물체를 끌어당기는 자석의 성질을 이용해 물고기를 낚아보는 놀이입니다.

 준비물

☐ 도화지　☐ 색연필
☐ 사인펜　☐ 클립　☐ 자석
☐ 실　☐ 테이프

 소요 시간　10분

 필요 인원　2명

● 관련 단원 : 3학년 1학기 4단원 자석의 이용

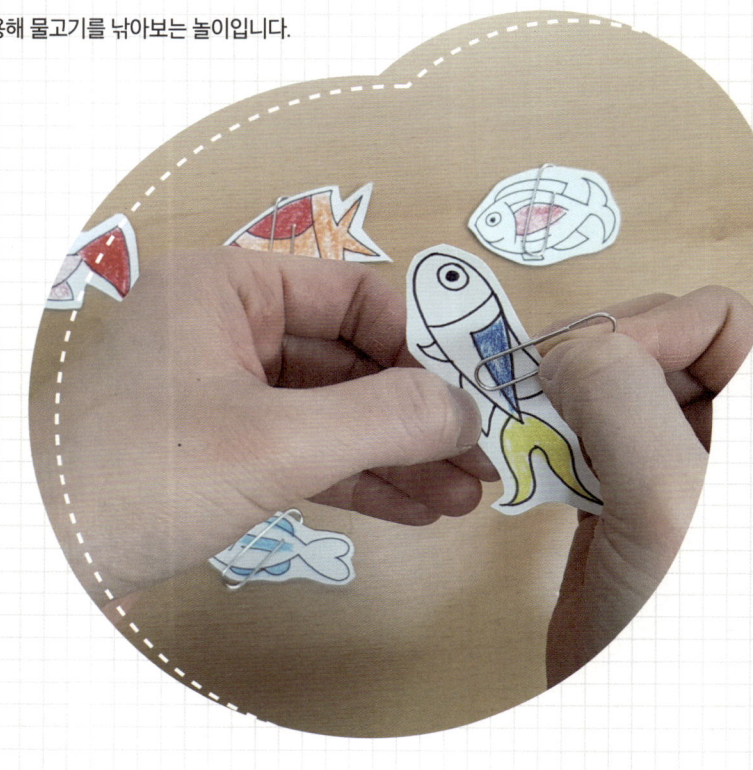

 **궁금해요!**

자석에 붙는 물체는 어떤 특징이 있을까요?
 자석에 붙는 물체는 철, 쇠로 이루어져 있습니다.

닿지 않아도 자석이 철로 된 물체를 끌어당기는 이유는 무엇일까요?
 자석의 힘이 미치는 공간을 '자기장'이라고 합니다. 철로 된 물체는 자기장 안에 들어오면 자기 자신도 자석의 성질을 띠게 되어 끌려가게 됩니다. 꼭 접촉하지 않아도 자석의 힘이 작용하는 것입니다. 자석을 클립 가까이만 가져가도 클립이 금방 딸려오는 이유는 이 성질 때문입니다.

 **놀이방법**

1 도화지, 색연필, 사인펜, 클립, 자석, 실, 테이프를 준비합니다.

2 자석에 실을 연결합니다. 풀리지 않도록 테이프로 붙입니다.

3 색연필과 사인펜으로 물고기를 여러 마리 그립니다.

4 가위로 오려낸 후 클립을 끼웁니다.

물고기를 모아두면 자석에 한 번에 몽땅 붙어버리니 재미가 없습니다. 최대한 넓은 공간에 물고기를 듬성듬성 놓아두세요.

5 바닥에 물고기를 흩뿌려놓습니다.

6 물고기 낚기 대결을 펼칩니다.

TIP

- 자석과 클립을 오랫동안 붙여두면 클립도 잠시 자석의 성질을 갖게 됩니다. 물고기를 낚아 올린 후에는 클립을 곧바로 떼어줍니다.
- 가볍고 자석에 붙는 물체를 또 찾아봅니다. 클립을 대신해 사용할 수 있습니다.

 정리 및 재활용

놀이가 끝난 후 물고기와 클립은 분리해 종이는 일반 쓰레기로 버리고, 클립은 재사용합니다.

19 덩기덕 쿵덕! 장구 비행기

장구 모양의 비행기를 날려보아요.
종이와 빨대를 이용해 만든 장구 모양의 비행기를 멀리 날리며 놀이합니다.

 준비물

☐ 도화지　☐ 클립 2개
☐ 빨대 2개　☐ 가위　☐ 테이프

 소요 시간　10분

 필요 인원　1명

● 관련 단원 : 3학년 2학기 4단원 물질의 상태

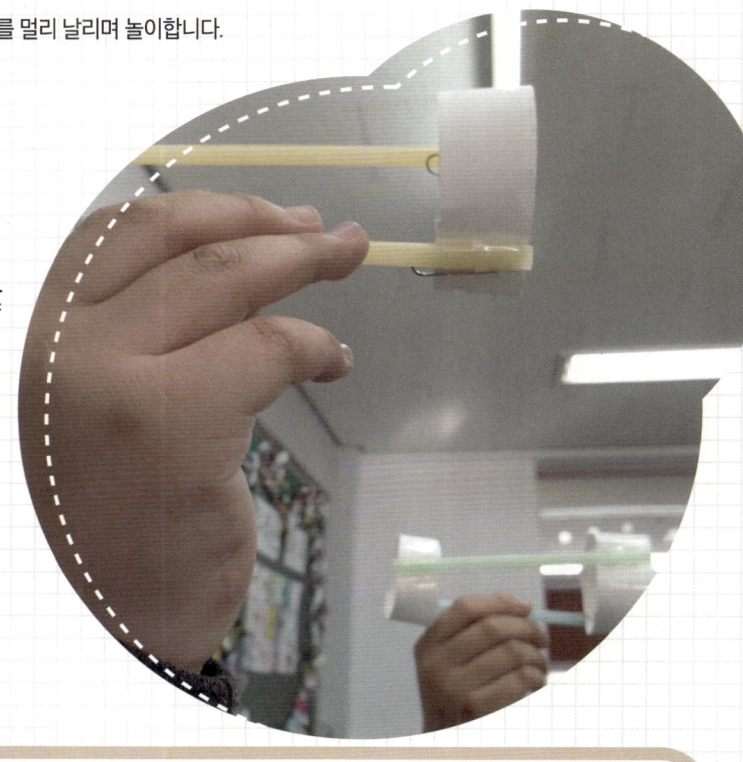

 **궁금해요!**

장구 비행기는 공기의 어떤 특징을 이용한 것일까요?

수학자였던 베르누이는 공기의 흐름을 관찰하다가 놀라운 사실을 발견했습니다. 공기가 물체의 단면적이 큰 곳을 지날 때에는 느려지고, 단면적이 작은 곳을 지날 때에는 그 반대가 되는 특징을 가지고 있다는 것입니다. 바로 베르누이의 효과라고 하지요. 장구 비행기의 앞부분과 뒷부분의 동그란 종이가 있는 곳을 지나는 공기와 중간 부분의 텅 빈 부분을 지나는 공기는 속도 차이가 있습니다. 이 때문에 장구 비행기가 멀리 빠르게 움직이게 되는 것이랍니다.

장구 비행기를 더욱 멀리 날려 보내기 위해서는 어떻게 해야 할까요?

 장구 비행기 머리 쪽에 클립을 달아주면 멀리 날릴 수 있습니다. 각각의 빨대를 붙일 때 평행으로 붙여줍니다. 가벼운 종이를 이용합니다.

 ## 놀이방법

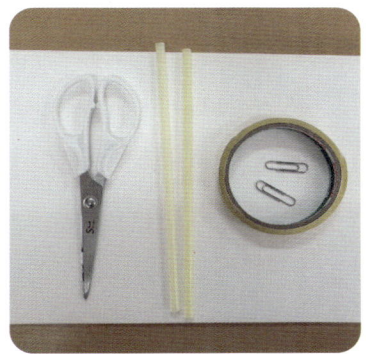

1 도화지, 클립 2개, 빨대 2개, 가위, 테이프를 준비합니다.

2 도화지 끝부분을 길게 2조각으로 잘라줍니다.

3 도화지를 동그랗게 맙니다.

> 양 끝 종이에 빨대를 반듯하게 붙여 무게중심을 잘 잡을 수 있도록 합니다.

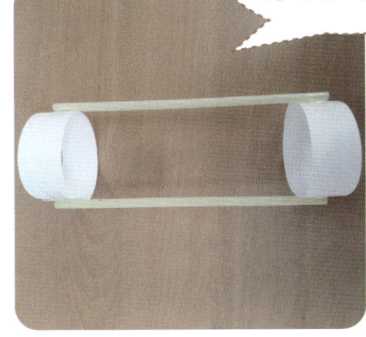

4 동그랗게 만 도화지와 빨대를 붙여줍니다.

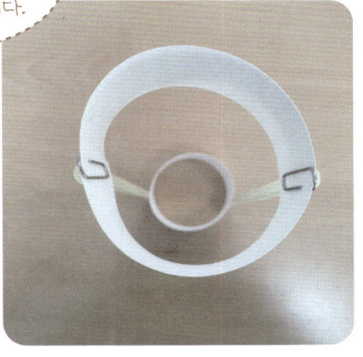

5 앞부분의 종이 양옆에 클립을 2개 끼워줍니다.

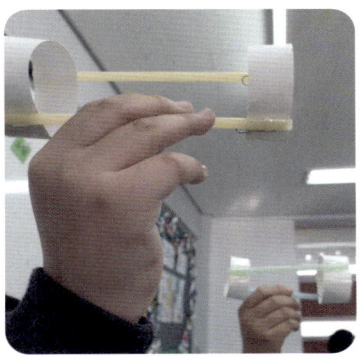

6 손을 높이 들어 비행기를 날려줍니다.

TIP
비행기를 가볍고 살포시 놓아야 멀리 날릴 수 있습니다.

 **정리 및 재활용**

- 작게 자른 종이는 일반 쓰레기로 정리합니다.
- 클립은 따로 빼내어 재활용 쓰레기로 버립니다.

20 펄럭펄럭 훨훨! 종이 새 만들기

종이를 이용해 새를 만들어 날려보아요.

공기의 속도 차를 이용해 나는 종이 새를 만들어 놀이합니다.

 준비물

☐ 종이 ☐ 가위 ☐ 테이프
☐ 클립

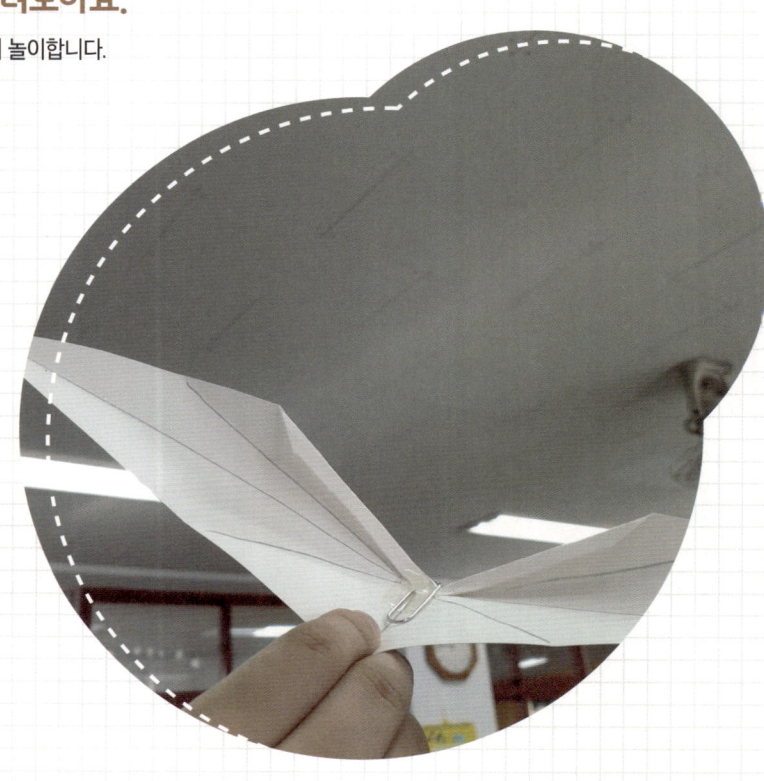

⏱ 소요 시간   5분

👦 필요 인원   1명

● 관련 단원 : 3학년 2학기 4단원 물질의 상태

🌐 궁금해요!

종이 새는 공기의 어떤 특징을 이용한 것일까요?

 면적이 넓은 부분과 좁은 부분을 지나는 공기 속도에는 차이가 있습니다. 종이 새 놀이는 면적에 따라 공기의 속도가 다르다는 특징을 이용한 것이지요.

종이 새를 더욱 멀리 날려 보내기 위해서는 어떻게 해야 할까요?

 종이 새 머리 쪽에 클립을 달아주면 멀리 날릴 수 있습니다. 가벼운 종이를 이용합니다.

 놀이방법

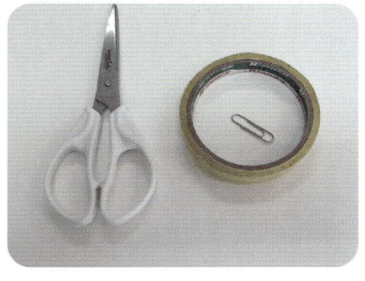

1 종이, 가위, 테이프, 클립을 준비합니다.

2 종이를 길게 자르고 절반으로 접어줍니다.

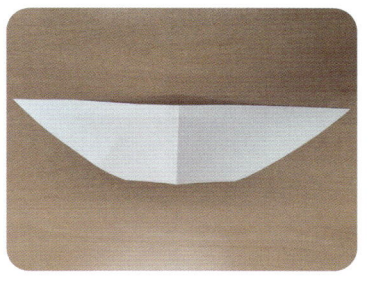

3 사진 모양으로 잘라줍니다.

4 길이가 짧은 모서리 부분을 얇게 3번 접어줍니다.

5 다시 절반으로 접어 꾹 눌러 줍니다.

6 날개 모양에 주름을 그리고 그 선에 맞춰 접어줍니다.

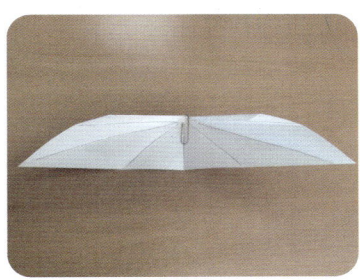

7 날개 가운데를 테이프로 여러 겹 붙이고 클립을 끼워줍니다.

8 종이 새를 날려줍니다.

> 종이 새를 너무 세게 날리면 땅으로 곤두박질 치니 주의하세요.

TIP
- 종이 새 끝부분을 잡고 하늘을 향해 날려줍니다.
- 종이 새의 주름을 조정해 잘 날 수 있도록 합니다.

 정리 및 재활용

잘게 잘라 작아진 종이는 일반 쓰레기로 버립니다.

21 자석 인형극

이야기 한 편 들어보실래요?

자석과 클립을 이용해 인형극을 해요.
클립을 아래 붙인 종이 인형을 자석으로 움직이며 인형극 놀이를 합니다.

 준비물

☐ 클립 ☐ 자석 ☐ 종이
☐ 색연필 ☐ 테이프
☐ 딱딱한 판 ☐ 가위

 소요 시간 10분

 필요 인원 1명, 여러 명 가능

● 관련 단원 : 3학년 1학기 4단원 자석의 이용

 **궁금해요!**

자석 인형극은 어떤 원리를 이용한 것일까요?

 자석이 클립을 끌어당기는 원리를 이용한 과학놀이입니다. 자석이란 쇠를 끌어당기는 자기를 가진 물체를 말합니다. 자석을 판 아래에서 이동할 때마다 판 위에 있는 쇠로 이루어진 클립을 끌어당기는 원리를 이용해 인형을 움직이며 인형극을 한답니다.

인형을 원하는 곳으로 빠르고 정확하게 움직이려면 어떻게 해야 할까요?

 자석의 세기가 강한 것을 이용합니다. 인형의 크기와 무게를 줄입니다.

 **놀이방법**

1 클립, 자석, 종이, 색연필, 테이프, 딱딱한 판, 가위를 준비합니다.

2 종이 인형을 잘라줍니다. 인형 아래쪽에 클립을 붙일 수 있는 기둥을 만들어줍니다.

3 종이 인형의 아래쪽 기둥을 안으로 접어줍니다.

자석과 클립 인형 사이의 판이 너무 두꺼우면 자석의 힘이 방해받을 수 있으니 주의합니다.

4 종이 인형을 꾸며줍니다.

5 종이 인형 아래쪽 기둥에 클립 1~2개를 테이프로 붙여줍니다. 클립 개수는 인형 크기에 맞게 조정합니다.

6 딱딱한 판 위에 인형을 올리고, 판 아래에서 자석으로 인형을 움직여줍니다.

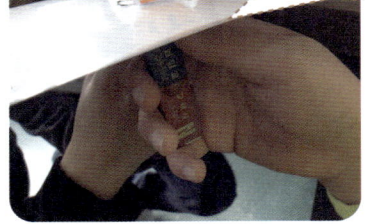

강한 자석을 이용하거나 부착하는 클립의 개수를 늘리면 인형을 더욱 정확하고 빠르게 움직일 수 있습니다.

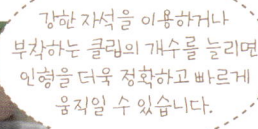 **TIP**

인형을 손가락 크기로 만들면 간편하게 놀이할 수 있습니다.

 **정리 및 재활용**

자석은 한데 모아서 보관해주면 자석의 힘을 보존할 수 있습니다.

7 인형극 놀이를 합니다.

22 클립 크레인

으라차차! 힘을 내요! 슈퍼파워!

클립을 이용해 물체를 들어보아요.

여러 개의 클립을 연결해 크레인을 만들어 물체를 들어보는 놀이입니다.

 준비물

☐ 클립

 소요 시간 10분

 필요 인원 1명

● 관련 단원 : 6학년 2학기 5단원 에너지와 생활

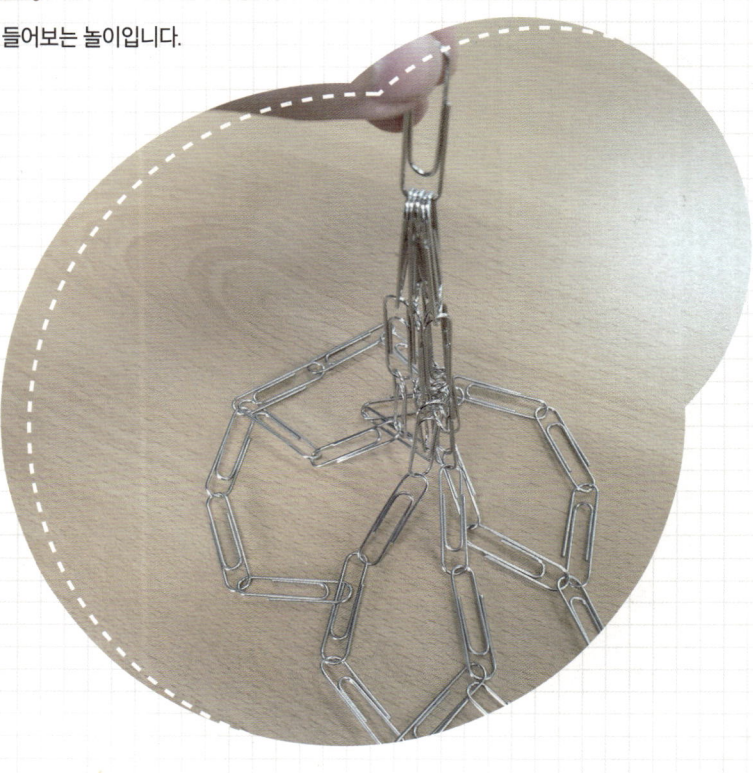

 **궁금해요!**

클립 크레인에 숨어 있는 과학 원리는 무엇일까요?

 힘과 관련이 있습니다. 과학적으로 힘이란 물체에 작용해서 물체의 모양이나 운동 상태를 변화시키는 원인을 말합니다. 이 놀이에서 힘은 원의 방향으로 작용해 원운동을 합니다. 클립 크레인이 계속해서 원운동을 하다가 갑자기 아래로 내림과 동시에 멈추면, 기존에 작용하려던 힘이 아래에 있는 물체를 들어올리는 방향으로 작용합니다.

놀이방법

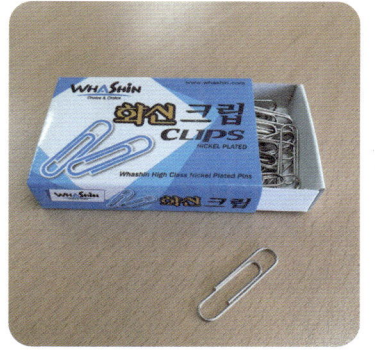

1 클립을 준비합니다.

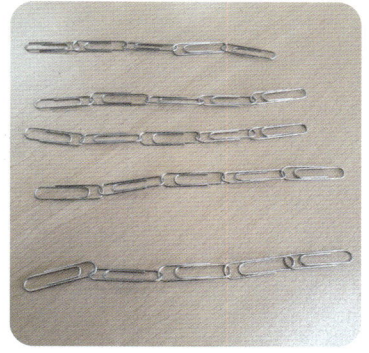

2 5개씩 일렬로 끼운 클립을 5줄 준비합니다.

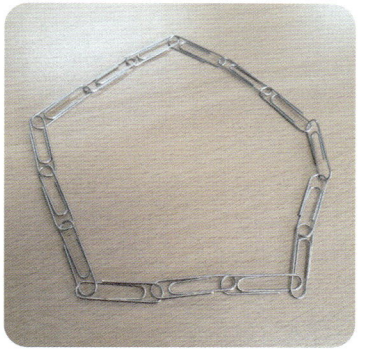

3 3개씩 일렬로 끼운 클립으로 오각형을 만들어줍니다.

4 오각형 클립의 꼭짓점에 5줄 1열 클립을 연결합니다.

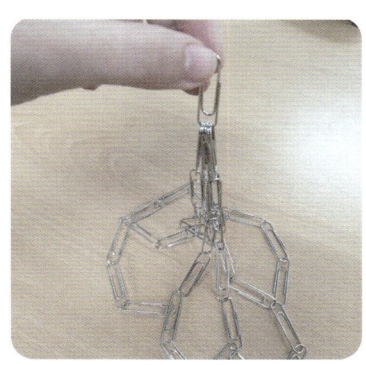

5 클립의 끝 줄 부분을 모두 모아 1개의 클립에 연결합니다.

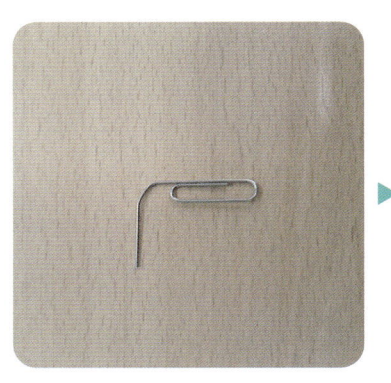
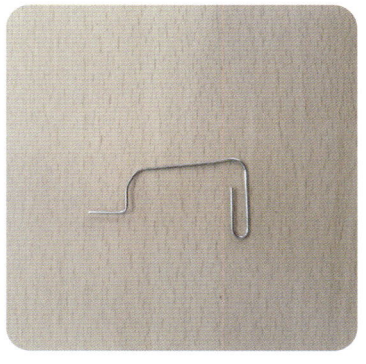
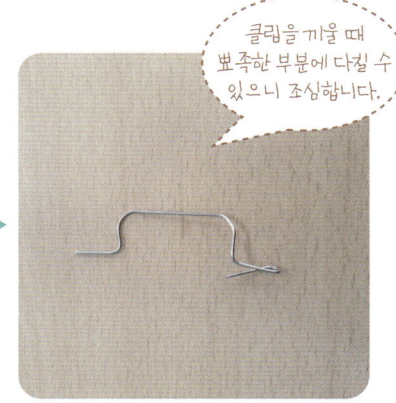

클립을 까울 때 뾰족한 부분에 다칠 수 있으니 조심합니다.

6 클립 1개를 펼치고 구부려서 클립 크레인의 손잡이를 만들어줍니다.

03 클립으로 하는 과학놀이

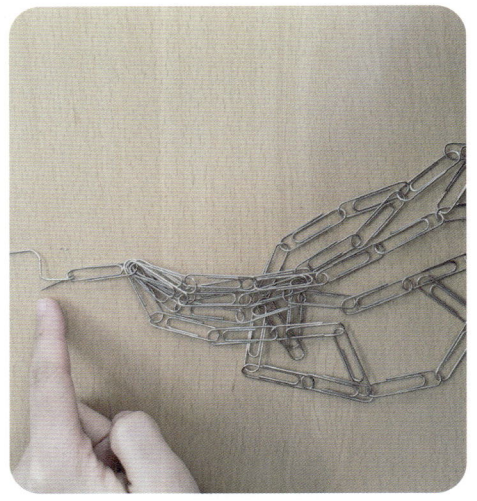

7 손잡이 클립을 가장 위에 연결합니다.

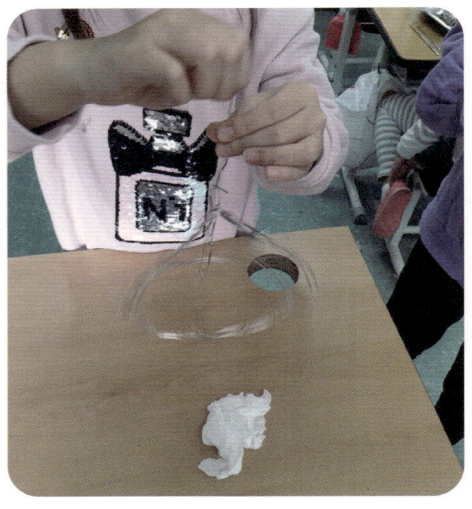

8 클립 크레인 아래 가볍고 동그란 물체를 놓고, 위에서 손잡이를 잡고 돌려줍니다.

클립 크레인을 돌리다가 빠르게 내릴 때 물체를 향해 정확히 조준해야 물체를 들어 올릴 수 있습니다.

9 돌리던 클립 크레인을 물체를 향해 빠르게 내렸다 올려줍니다.

 TIP

클립 크레인을 빠르게 돌리면 더 큰 힘으로 물체를 들어 올릴 수 있습니다.

클립을 1개씩 분리하여 정리합니다.

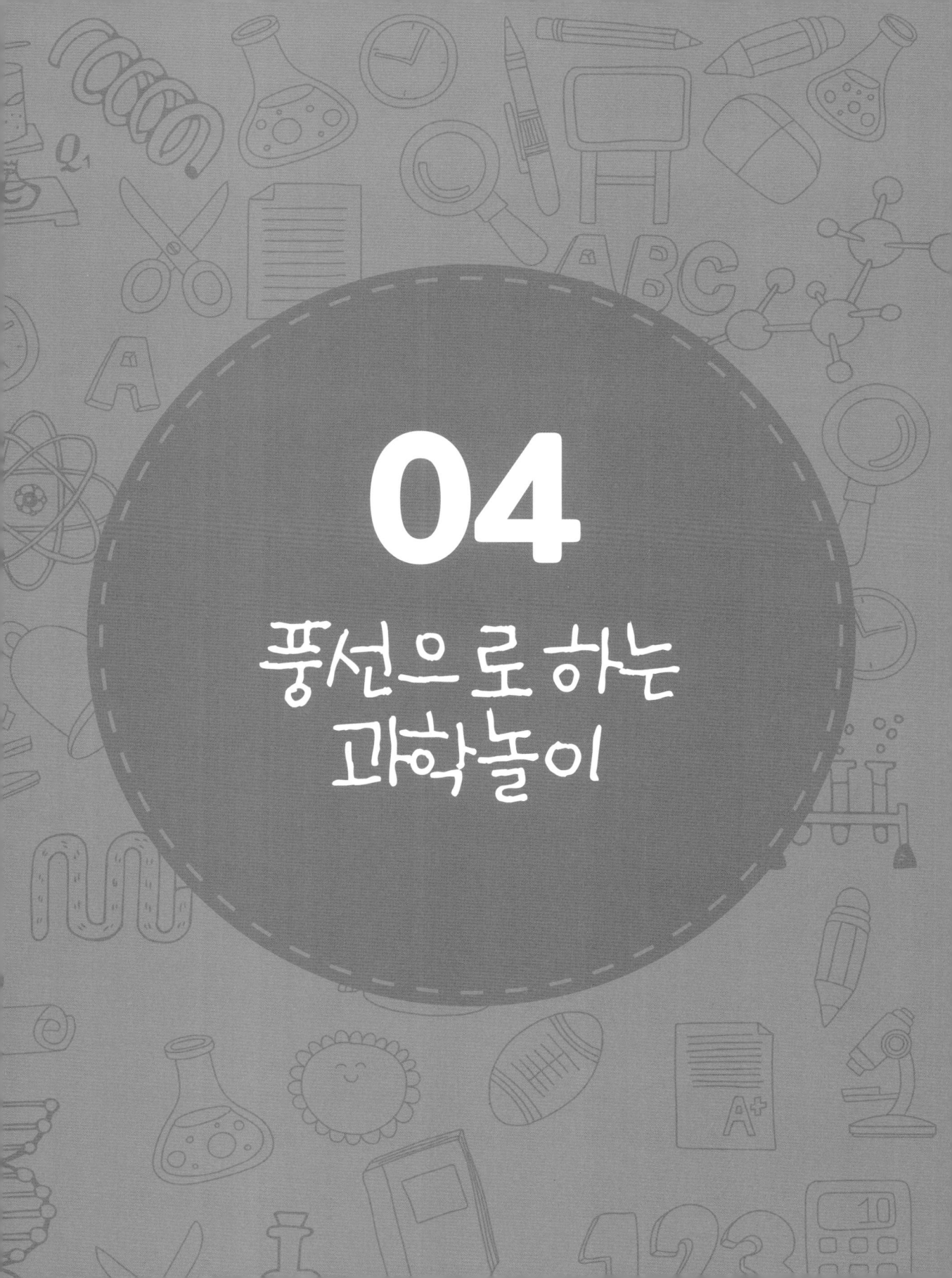

04
풍선으로 하는 과학놀이

23 풍선 총
뚝딱 만들어 신나게 발사!

풍선과 휴지심을 이용해 총을 만들어보아요.
다 쓴 휴지심과 풍선을 이용해 간단한 총을 만들어 물건을 맞히는 놀이입니다.

준비물

☐ 풍선   ☐ 휴지심
☐ 색연필

 소요 시간   3분

 필요 인원   1명

● 관련 단원 : 6학년 2학기 5단원 에너지와 생활

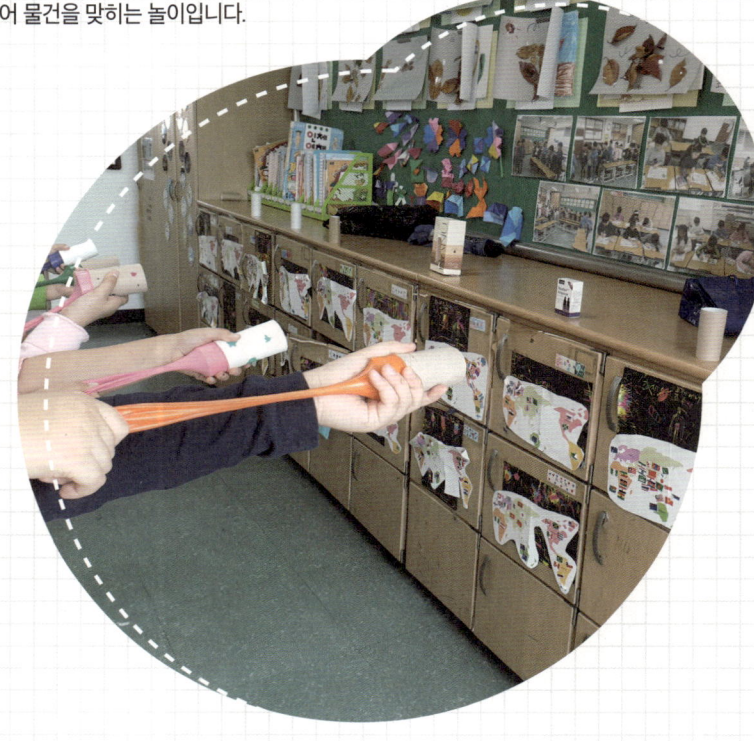

 **궁금해요!**

풍선 총의 과학 원리는 무엇일까요?

 탄성력과 관련이 있습니다. 외부에서 힘이 주어졌을 때 이 힘이 없어지면 원래의 모양으로 돌아가려는 힘입니다. 풍선 총은 풍선이 늘어나지 않던 원래 모양으로 변하려고 반발하는 힘이 작용해, 풍선 안에 있던 작은 물체가 앞으로 튕겨져 나가게 됩니다. 탄성을 가지는 물체를 탄성체라고 하며 풍선, 고무줄, 용수철 등의 물체가 있습니다.

풍선 안의 총알을 더 멀리 발사하게 하려면 어떻게 하면 좋을까요?

풍선을 뒤로 더 길게 늘여줍니다. 휴지심을 단단하게 잡아 고정합니다.

놀이방법

1 풍선, 휴지심, 색연필을 준비합니다.

풍선 입구가 찢어지지 않게 조심히 잡아당겨 늘립니다.

2 풍선 입구를 벌려 휴지심에 연결합니다.

3 휴지심을 꾸며줍니다.

4 휴지심 안에 작은 종이 뭉치를 넣어 총알을 장전합니다.

5 풍선을 길게 당깁니다.

풍선을 당기고 놓을 때 소리가 클 수 있으니 주의합니다.

6 당긴 풍선을 놓으면 앞에 있는 물건으로 총알이 발사됩니다.

TIP
- 휴지심이 구겨지지 않아야 튼튼한 총을 만들 수 있습니다.
- 풍선을 너무 길고 세게 당기면 총이 분리될 수 있습니다.

정리 및 재활용

휴지심을 이용해 케이블선 등을 깔끔하게 정리할 수 있습니다.

24 풍선 자동차

풍선 자동차 나가신다~ 길을 비켜라~

풍선으로 움직이는 자동차를 만들어요.

커다란 풍선의 바람이 빠지는 힘을 이용해 앞으로 나가는 자동차를 만들어 놀이합니다.

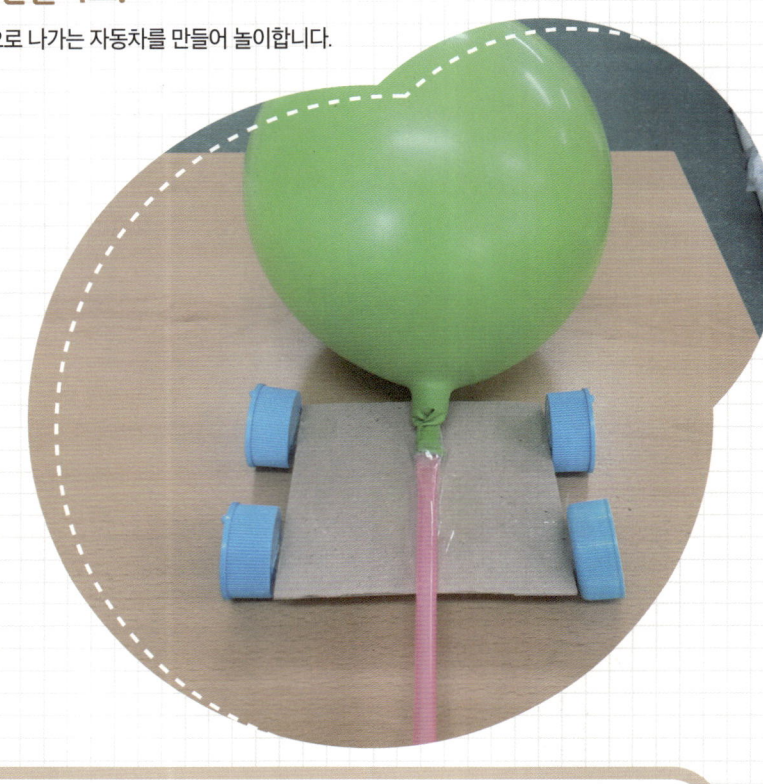

준비물

- ☐ 풍선
- ☐ 병뚜껑 4개
- ☐ 테이프
- ☐ 굵은 빨대
- ☐ 두꺼운 종이
- ☐ 가위

소요 시간 10분

필요 인원 1명

● 관련 단원 : 5학년 2학기 4단원 물체의 운동

궁금해요!

자동차를 빠르고 멀리 가도록 하려면 어떻게 해야 할까요?

자동차의 무게를 가볍게 합니다. 풍선을 크게 불어야 합니다.

풍선 자동차는 어떤 원리가 숨어 있을까요?

작용과 반작용의 원리가 숨어 있습니다. 작용과 반작용이란 뉴턴의 3가지 운동 법칙 중 하나 입니다. 모든 작용에는 항상 반작용의 힘이 있다는 것을 말하지요. 반작용은 작용에 대해 방향은 반대이고 크기가 같아요. 커다란 풍선에서 바람이 빠지며 뒤로 밀리는 힘이 작용할 때 동시에 자동차가 앞으로 향하는 반작용의 힘이 작용합니다. 풍선 자동차가 움직이게 되는 것에서 작용과 반작용의 원리를 확인할 수 있습니다.

놀이방법

1 풍선, 병뚜껑 4개, 테이프, 굵은 빨대, 두꺼운 종이, 가위를 준비합니다.

테이프로 단단히 고정해야 바람이 새지 않게 불 수 있습니다.

2 풍선 입구에 빨대를 넣고 테이프로 단단히 붙여줍니다.

3 빨대를 붙인 풍선을 두꺼운 종이 가운데에 붙여줍니다.

4 두꺼운 종이 양옆에 4개의 병뚜껑을 바퀴처럼 붙여줍니다.

5 풍선을 크게 불어 손으로 빨대 입구를 막아줍니다.

6 손을 떼는 동시에 바람이 빠지며 풍선 자동차가 앞으로 나갑니다.

TIP

- 자동차 몸체가 가벼워야 멀리 나가므로 바퀴 개수로 무게를 조정해 디자인할 수 있습니다.
- 두꺼운 종이의 크기가 작을수록 가벼워 자동차를 빠르게 움직일 수 있습니다.

정리 및 재활용

빨대, 테이프, 풍선, 종이를 분리하여 각각 정리합니다.

04 풍선으로 하는 과학놀이

25 따끔따끔! 정전기 체험

풍선과 스웨터로 정전기를 만들어보아요.
풍선을 스웨터에 문질러 정전기를 만들고 눈으로 확인하는 놀이입니다.

 **준비물**

☐ 풍선 1개 ☐ 스웨터

 소요 시간 5분

 필요 인원 2명

● 관련 단원 : 3학년 1학기 4단원 자석의 이용

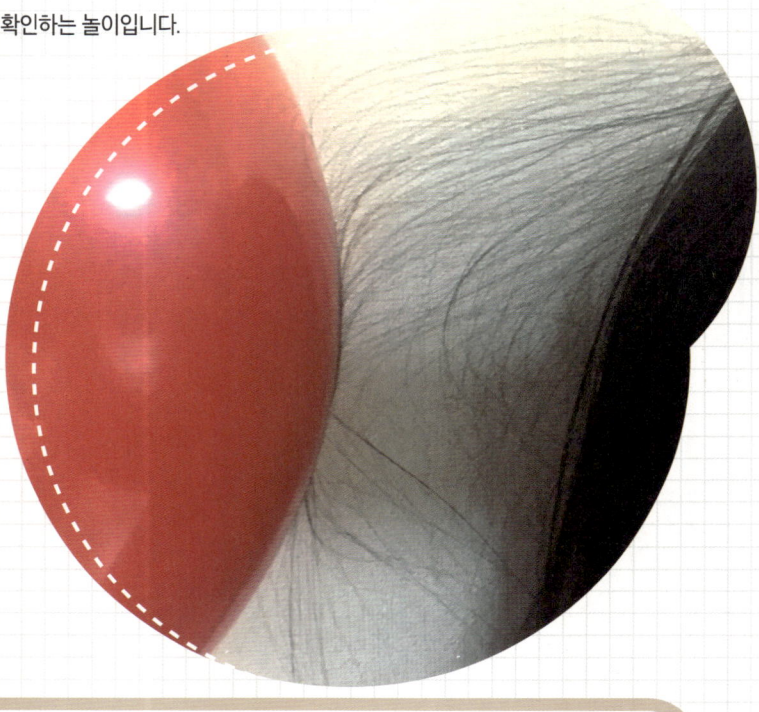

 **궁금해요!**

풍선을 머리카락에 갖다 대면 머리카락이 달라붙는 이유는 무엇일까요?

정전기 때문입니다. 정전기는 두 물체가 마찰되었을 때 일시적으로 각각의 물체가 전기를 띠게 되는 것으로 '마찰전기'라고도 부르지요. 모든 물체는 (+)전하와 (-)전하를 띤 전자가 균형을 이루고 있습니다. 전하는 물체가 띠고 있는 전기를 말합니다. 물체가 서로 마찰되면 (-)전하를 띤 전자가 두 물체 사이를 왔다 갔다 하게 되는데, 이 과정에서 전기가 생깁니다. 전자는 전기를 띠지 않는 것들을 끌어당기는 성질이 있어서 정전기가 생긴 풍선을 머리카락 쪽에 갖다 대면 머리카락이 풍선 쪽으로 움직이게 됩니다.

정전기에도 감전이 될까요?

아닙니다. 정전기는 매우 짧은 시간 동안 아주 적은 양의 전류가 흐릅니다. 또한 피부 겉 표면에만 흐르기 때문에 인체에 위험한 영향을 미치지는 않는답니다.

 놀이방법

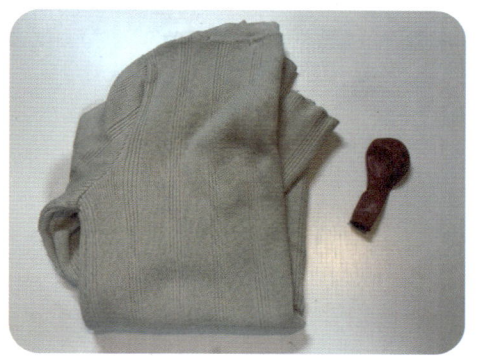

1 풍선과 스웨터를 준비해요.

풍선에 공기를 너무 많이 불어넣어 터지는 일이 없도록 합니다.

2 풍선을 입으로 불어 풍선 속에 공기를 넣고 묶어줍니다.

3 스웨터에 풍선을 빠르게 약 50번 문질러줍니다.

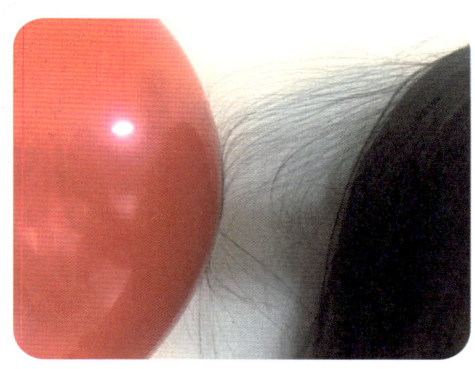

4 풍선을 친구의 머리카락 가까이 가져가보고 머리카락의 변화를 확인합니다.

 TIP
- 머리카락 대신 휴지, 실 등의 물체에도 같은 방법으로 놀이해봅니다.
- 우리 생활 주변에서 정전기가 적용된 물건이나 현상을 찾아봅니다.

 정리 및 재활용

모두 사용한 풍선은 일반 쓰레기로 버립니다.

26 준비~ 땅! 풍선 경주

공기의 이동, 작용과 반작용의 법칙을 이용하여 풍선을 날려보아요.

풍선을 불었다가 놓아보며 풍선이 날아가는 모습을 확인하고, 풍선을 멀리 날리는 경주를 하는 놀이입니다.

☐ 풍선

소요 시간 5분

필요 인원 2명

● 관련 단원 : 3학년 2학기 4단원 물질의 상태
4학년 1학기 4단원 물체의 무게

 궁금해요!

풍선을 불었다가 놓으면 풍선이 날아가는 이유는 무엇일까요?

풍선을 불었다가 묶지 않고 놓으면 풍선이 멀리 날아갑니다. 풍선이 날아가는 이유는 공기의 이동 때문입니다. 풍선 속에 가득 차 있던 공기는 기압이 높은 상태여서 기압이 낮은 곳으로 이동하고 싶어 하지요. 나갈 구멍이 생기는 즉시 공기가 밖으로 빠져나오는데, 뉴턴의 제 3법칙인 작용과 반작용의 법칙으로 풍선이 공기의 힘을 받아 날아가게 됩니다.

풍선이 일직선으로 날아가지 않고 지그재그로 날아가는 이유는 무엇일까요?

공기의 방향이 일정하지 않고 여러 방향으로 작용하기 때문입니다.

놀이방법

1 풍선을 준비합니다.

> 풍선을 불 때 공기를 너무 많이 집어 넣으면 풍선이 터질 수 있습니다.

2 풍선을 입으로 불어 부풀린 뒤, 풍선의 공기주입구를 손으로 잡아 바람이 빠지지 않도록 합니다.

3 일직선으로 출발선을 정하고, 친구와 풍선을 든 채로 출발선에 나란히 섭니다.

> 풍선은 주변에 사람이 없는 곳에서 날립니다. 주변 사람이 풍선에 맞아 다치지 않도록 주의합니다.

4 풍선의 공기주입구를 몸 쪽으로 향하게 한 뒤, 풍선을 잡고 있던 손을 뗍니다.

5 누구의 풍선이 더 멀리 날아갔는지 확인합니다.

 TIP

풍선을 날리는 높낮이와 방향을 다양하게 하며 놀이를 해봅니다.

사용한 풍선은 일반 쓰레기로 버립니다.

27 번쩍번쩍! 번개 만들기

정전기를 이용하여 방 안에서 번개를 만들어요.
스웨터에 문질러 정전기가 생긴 풍선에 금속 밥숟가락을 갖다 대어 전기 불꽃을 만들어보는 놀이입니다.

 준비물

- ☐ 풍선 1개 ☐ 스웨터
- ☐ 금속 밥숟가락
- ☐ 절연 처리가 된 목장갑

 소요 시간 5분

 필요 인원 2명

● 관련 단원 : 3학년 1학기 4단원 자석의 이용

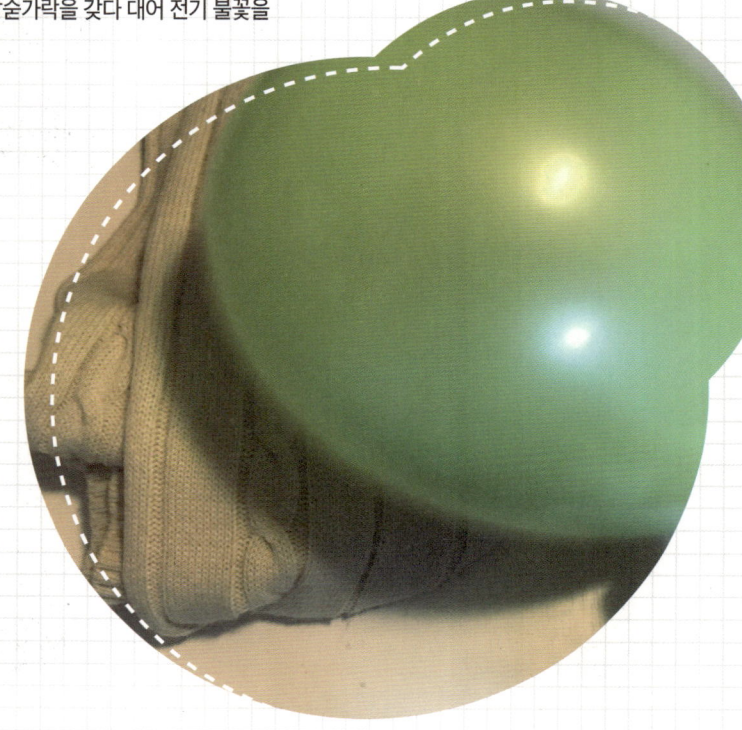

궁금해요!

숟가락과 풍선 사이에서 반짝이는 빛은 무엇일까요?
> 전기입니다.

숟가락과 풍선 사이에서 전기 불꽃이 만들어진 이유는 무엇일까요?
> 풍선과 스웨터가 서로 마찰이 되며 (−)를 띤 전자가 두 물체 사이를 왔다 갔다 하게 되는데 이 과정에서 전기가 생기지요. 이때 금속으로 된 숟가락을 풍선 가까이 대면, 전자가 불꽃이 되어 숟가락과 풍선 사이의 작은 틈을 건너 금속을 타고 내려가지요. 그래서 반짝이는 빛이 순간적으로 생기게 됩니다.

 **놀이방법**

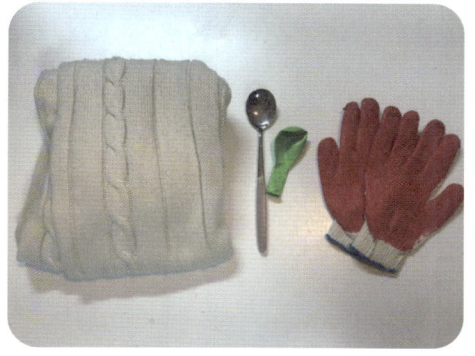

1 풍선 1개, 스웨터, 금속 밥숟가락, 절연 처리가 된 목장갑을 준비합니다.

2 커튼을 치고 조명을 조절하여 방을 어둡게 합니다.

3 손에 절연 처리가 된 목장갑을 끼세요.

정전기가 오르면 몸이 찌릿할 수 있습니다.

4 스웨터에 풍선을 대고 빠르게 약 200번 문지릅니다.

정전기로 화재가 날 수 있으니 주의합니다.

5 금속으로 된 밥숟가락을 풍선에 가까이 가져가보고, 숟가락과 풍선 사이에서 나타나는 변화를 확인합니다.

어른의 도움을 받아 안전하게 놀이합니다.

 TIP

- 풍선과 스웨터를 문지르는 횟수를 다르게 해서 같은 놀이를 해봅니다.
- 금속으로 된 다른 물체로도 같은 놀이를 해봅니다.

 **정리 및 재활용**

- 사용한 숟가락은 깨끗하게 씻어 정리합니다.
- 사용한 풍선은 일반 쓰레기로 버립니다.

04 풍선으로 하는 과학놀이 **81**

28 준비~ 발사! 풍선 로켓

풍선으로 움직이는 로켓을 만들어요.
커다란 풍선의 바람이 빠지는 힘을 이용해 로켓처럼 앞으로 나아가게 하는 놀이입니다.

 준비물

- ☐ 풍선 1개   ☐ 주름 빨대 1개
- ☐ 일자 빨대 1개   ☐ 가위
- ☐ 실   ☐ 테이프

 소요 시간   5분

 필요 인원   1명

● 관련 단원 : 5학년 2학기 4단원 물체의 운동

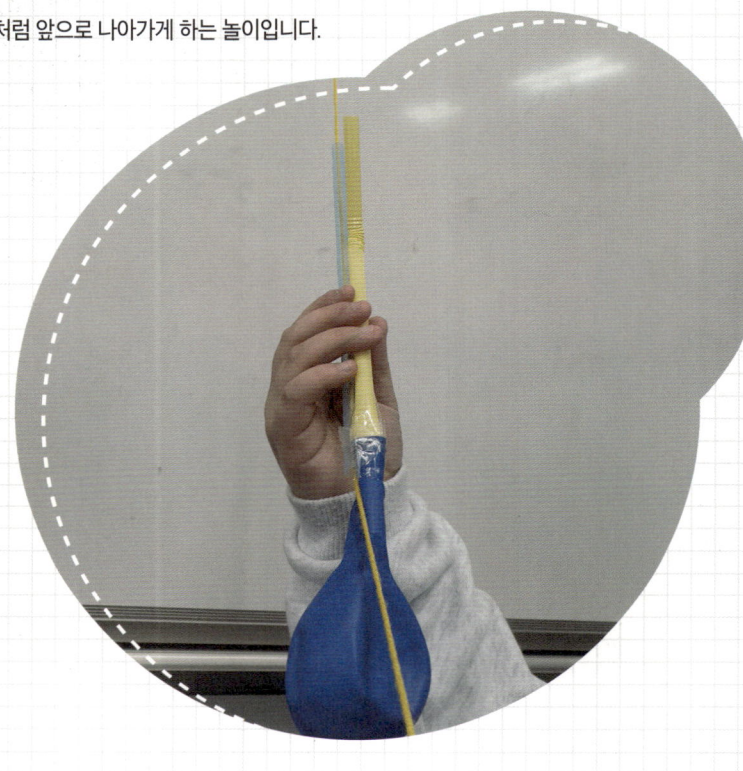

 **궁금해요!**

풍선 로켓을 빠르게 이동시키려면 어떻게 해야 할까요?

 로켓의 무게를 가볍게 합니다. 풍선을 크게 불어야 합니다. 경사 각도를 더 크게 설치합니다.

풍선 로켓에는 어떤 과학 원리가 숨어 있을까요?

 작용과 반작용의 원리와 관련이 있는 과학놀이입니다. 커다란 풍선에서 바람이 빠지며 뒤로 밀리는 힘이 작용할 때 동시에 앞으로 향하는 반작용의 힘이 작용합니다. 풍선 로켓이 움직이게 되는 것에서 작용과 반작용의 원리를 확인할 수 있습니다.

놀이방법

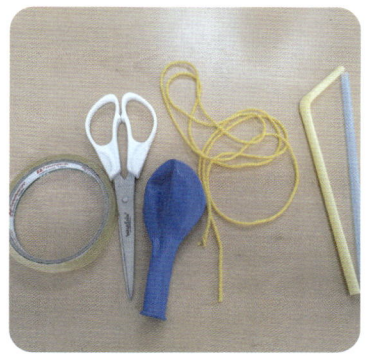

1 풍선, 주름 빨대, 일자 빨대, 가위, 실, 테이프를 준비합니다.

틈이 보이지 않게 단단히 붙입니다.

2 풍선 입구에 주름 빨대 뒷부분을 넣고 테이프로 단단히 붙여줍니다.

주름 빨대의 입구 부분이 위로 향하게 합니다.

3 주름 빨대 아래에 일자 빨대를 붙여줍니다.

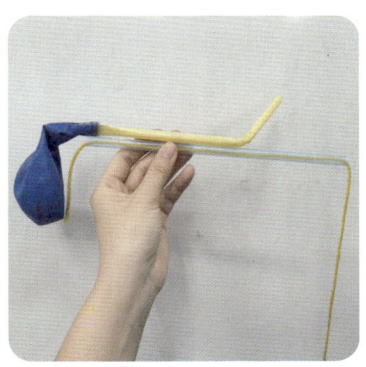

4 일자 빨대 안에 실을 넣어 통과시키세요.

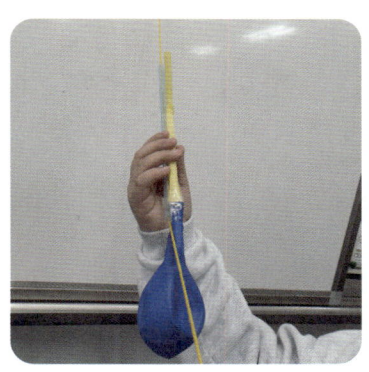

5 실의 끝부분을 높은 벽에 붙이고, 실 아랫부분은 낮은 의자에 붙여줍니다.

6 빨대로 크게 불고 손가락 끝으로 막았다 떼어 로켓 풍선을 발사합니다.

TIP
- 풍선을 크게 불수록 빠르고 강하게 로켓 풍선이 발사됩니다.
- 풍선의 바람이 빠질 때 아래쪽으로 향하게 하여 이동될 수 있도록 합니다.

 정리 및 재활용

풍선, 테이프, 빨대, 실을 각각 분리해서 정리합니다.

29 비명 지르는 풍선

깍~ 으악!

비명을 지르는 풍선을 만들어보아요.
육각너트가 풍선 속에서 진동하며 소리를 내도록 하는 놀이입니다.

 준비물

- ☐ 풍선 1개
- ☐ 육각너트 1개

 소요 시간　5분

 필요 인원　1명

● 관련 단원 : 3학년 2학기 5단원 소리의 성질

 **궁금해요!**

풍선 속에서 육각너트가 소리를 내는 이유는 무엇일까요?

소리와 관련이 있는 놀이입니다. 풍선을 잡고 돌리면, 구심력으로 인해 풍선 내부에서 육각너트도 계속 회전합니다. 회전하는 육각너트는 풍선의 벽에 닿을 때마다 계속 진동을 일으킵니다. 이 진동은 소리를 내는 음파를 만들어 마치 풍선이 비명을 지르는 것처럼 된답니다.

 **놀이방법**

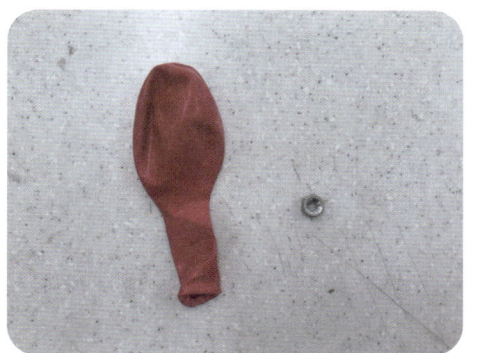

1 풍선 1개, 육각너트 1개를 준비합니다.

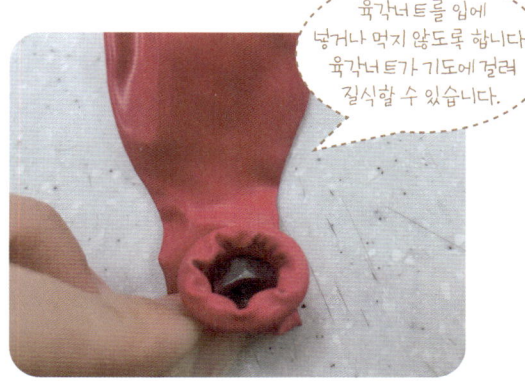

육각너트를 입에 넣거나 먹지 않도록 합니다. 육각너트가 기도에 걸려 질식할 수 있습니다.

2 풍선 안으로 육각너트를 넣습니다.

3 입으로 풍선을 불고 풍선의 공기주입구를 묶어 공기가 새지 않도록 합니다.

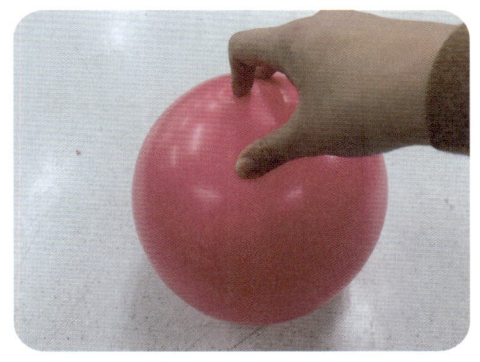

4 풍선을 위쪽에서 잡고 빠르게 돌립니다.

시끄러운 소리가 날 수 있으니 주변에 양해를 구하고 놀이합니다.

5 풍선 안쪽에서 육각너트가 빙글빙글 돌며 내는 소리를 들어봅니다.

 TIP

- 풍선 속에 육각너트를 여러 개 넣어서도 놀이를 해봅니다.
- 풍선 속에 육각너트 외에 다른 물건들을 넣어서도 놀이를 해봅니다.

 **정리 및 재활용**

- 풍선 속 육각너트는 깨끗하게 씻어 말린 뒤 보관합니다.
- 사용한 풍선은 일반 쓰레기로 버립니다.

30 공중부양 비닐
하늘 위에 두둥실~

정전기 현상으로 같은 전자를 갖게 되면 서로를 밀어내요.

정전기 현상을 이용해 풍선 위에 비닐을 둥둥 띄워보는 놀이입니다.

 준비물

☐ 수건   ☐ 비닐봉지
☐ 가위   ☐ 풍선

 소요 시간   5분

 필요 인원   2명

● 관련 단원 : 6학년 2학기 1단원 전기의 이용

 궁금해요!

정전기는 왜 생기는 것일까요?

 정전기가 생기는 이유는 마찰 때문입니다. 서로 다른 두 물체를 문지르면 전자가 이동하면서 정전기가 발생합니다.

풍선을 문지른 수건으로 비닐을 문지르면 무엇이 달라질까요?

 풍선과 비닐을 열심히 수건에 문질렀습니다. '마찰'시킨 것입니다. 이렇게 수건으로 문지르면 전자가 풍선과 비닐에 전달됩니다. 이때 둘 다 수건에 문질렀기 때문에 전달된 전자는 같은 성질을 갖습니다. 같은 성질의 전자는 서로를 밀어내는 특징이 있답니다. 자석의 같은 극이 밀어내는 것처럼 풍선과 비닐도 서로를 밀어냅니다.

놀이방법

1 수건, 비닐봉지, 가위, 풍선을 준비합니다.

2 가위를 이용해 비닐봉지의 입구를 2cm 정도 자릅니다.

3 끝을 잘라 긴 끈으로 만듭니다. 4가닥을 준비합니다.

4 4가닥의 가운데를 묶어 그림과 같은 모양을 만듭니다.

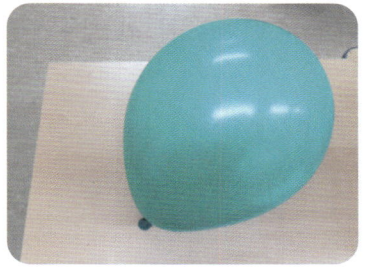
5 풍선을 최대 크기로 불어 입구를 묶습니다.

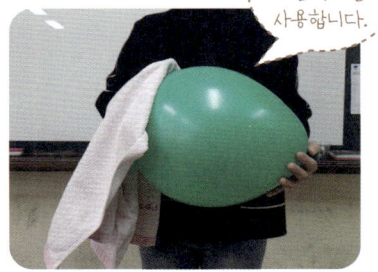
꼭 뽀송뽀송 마른 수건을 사용합니다.

6 수건으로 풍선을 30~45초간 문지릅니다.

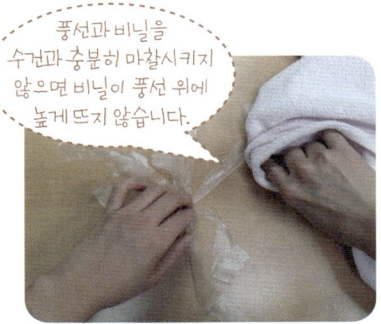
풍선과 비닐을 수건과 충분히 마찰시키지 않으면 비닐이 풍선 위에 높게 뜨지 않습니다.

7 바닥에 비닐봉지를 평평하게 눕혀놓은 뒤 같은 수건으로 30~45초간 문지릅니다.

마찰시킨 후 오랜 시간이 지나거나 풍선과 비닐이 다른 물체와 접촉한다면 정전기 현상이 사라질 수 있습니다.

8 한 사람이 풍선을 잡고, 다른 사람은 비닐을 살며시 펼쳐 풍선 위에 놓아줍니다. 풍선 위에 둥둥 떠 있는 비닐을 관찰할 수 있습니다.

 TIP
- 풍선과 비닐을 수건으로 마찰시킬 때 한쪽만 문지르지 말고 고루 문질러줍니다.
- 비닐을 묶지 않고 동그란 띠 모양으로 사용해도 좋습니다. 다양한 비닐 모양을 만들어봅니다.
- 풍선 말고 비닐을 공중에 띄울 수 있는 또 다른 물체를 찾아봅니다.

 **정리 및 재활용**

사용한 비닐봉지는 재활용 쓰레기로 버립니다.

05
종이로 하는 과학놀이

31 종이 다리
나는야 건축가

종이를 이용해 다리를 만들어 무거운 책을 올려보아요.
종이를 이용해 만든 다리 위에 여러 권의 책을 올려봅니다.

 준비물

☐ 종이　☐ 책 여러 권　☐ 고무줄

 소요 시간　5분

 필요 인원　1명, 여러 명 가능

- 관련 단원 : 4학년 1학기 4단원 물체의 무게

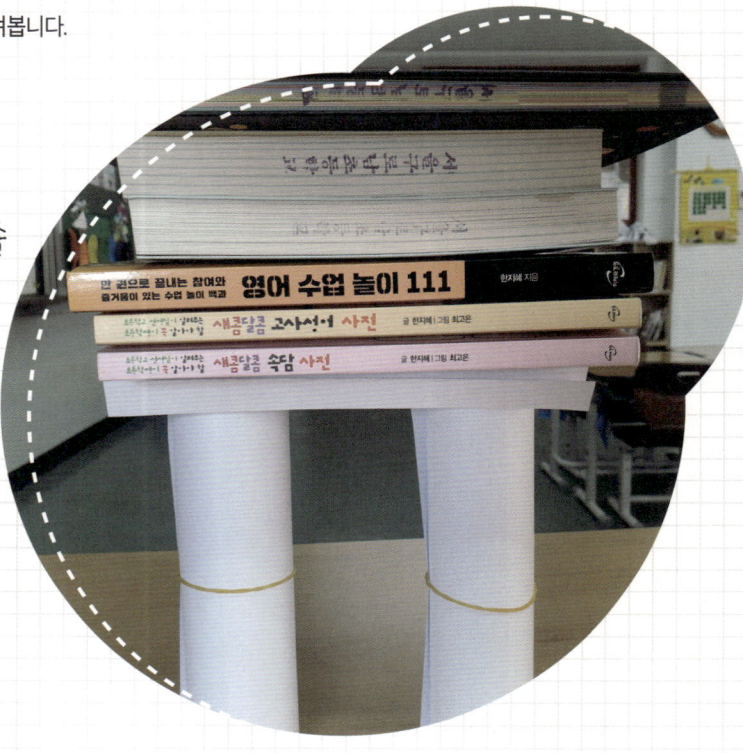

 궁금해요!

종이 1장으로 어떻게 무거운 물체를 들 수 있을까요?

 무게중심을 이용하기 때문입니다. 무거운 무게가 한곳으로 쏠리지 않고 고루 분배된다면 종이 1장이라도 무거운 물체를 들며 버틸 수 있습니다.

종이 다리 위에 책을 여러 권 올리려면 어떻게 해야 할까요?

 두꺼운 종이를 사용합니다. 여러 장의 종이를 이용하면 더 튼튼한 다리를 만들 수 있습니다.

 **놀이방법**

1 종이, 고무줄, 책 여러 권을 준비합니다.

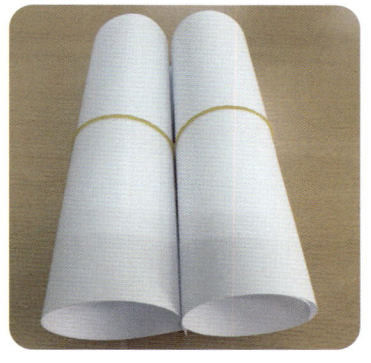

2 종이를 기둥처럼 말아 고무줄을 끼워 기둥 2개를 만들어줍니다.

3 다른 종이 1장을 앞뒤로 번갈아 접어 줍니다.

4 사진과 같이 종이 다리를 만들어줍니다.

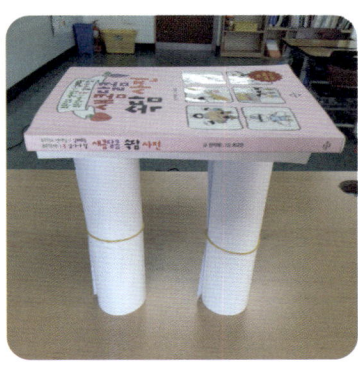

5 책을 1권씩 올려줍니다.

다리가 무게를 견디지 못해 무너져 책이 떨어질 때 다치지 않도록 조심합니다.

6 다리가 무너지기 전까지 여러 권의 책을 올려줍니다.

 TIP

- 누가 더 많은 책을 올리는지 대결해도 좋습니다.
- 두꺼운 책을 한 번에 올리기보다 적당한 두께의 책 여러 권을 한 권씩 올리면 더 좋습니다.

 **정리 및 재활용**

사용한 책을 가지런히 정리합니다.

32 책 들기

버티냐? 무너지느냐? 그것이 문제로다

A4용지 1장으로 무거운 책 여러 권을 받쳐보아요.

무게중심의 원리를 생각하며 A4용지 1장을 다양한 방법으로 오리고 접어 지지대를 만든 후 무거운 책 여러 권을 받쳐봅니다.

 준비물

☐ A4용지 ☐ 책 여러 권
☐ 가위   ☐ 풀

 소요 시간 30분

 필요 인원 2명

● 관련 단원 : 4학년 1학기 4단원 물체의 무게

 궁금해요!

A4용지 1장이 최대 몇 kg까지 버틸 수 있을까요?

 선생님이 놀이했을 때는 최대 40kg까지 버텼습니다. 여러분도 놀이하며 무게를 재보세요.

A4용지 1장이 무거운 무게를 버틸 수 있는 이유는 무엇일까요?

A4용지 1장으로 육각형, 사각형, 삼각형, 원 등 다양한 모양의 지지대를 만들 수 있습니다. 이때 물체의 각 모서리의 가장 가운데 지점에서 각각 수직으로 선을 그어 만나는 곳이 물체의 무게중심입니다. 무게중심이 A4용지 지지대의 가운데에 오며, 지지대가 책들로부터 받는 힘을 잘 분산시키면 무거운 무게를 버틸 수 있게 된답니다.

 ## 놀이방법

1 A4용지, 책 여러 권, 가위, 풀을 준비합니다.

2 A4용지 1장을 가로로 오리고 접고 붙여서 다양한 방법으로 지지대를 만듭니다.

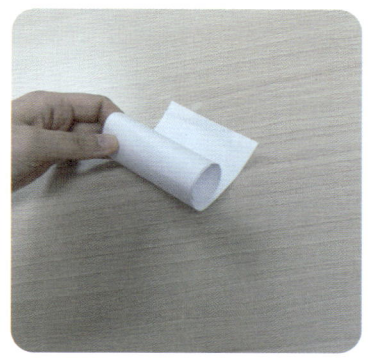

3 긴 종이를 동그랗게 말아 기본 기둥을 만듭니다.

4 같은 방법으로 기둥을 4개 만들어 무게를 분산할 수 있도록 합니다.

무게중심이 잘 맞도록 균형을 맞추어 잘 쌓아줍니다.

5 만든 지지대에 책을 올립니다.

6 누가 만든 지지대가 가장 많은 양의 책을 올릴 수 있는지 대결해봅니다.

 TIP

■ 책 대신 물병으로 대체해서 쌓아도 좋습니다.
■ '지면에서 최소 3cm 떨어뜨리기', '기둥을 최소 3개 만들기' 등 다양한 조건을 걸고 놀이를 하면 더 재밌습니다.

 정리 및 재활용

- 사용한 책은 책꽂이에 가지런히 꽂아 정리합니다.
- 사용한 A4용지는 재활용 쓰레기로 버립니다.

33 종이 눈 결정 만들기
렛잇고~!

흰 종이를 이용하여 눈 결정 모양을 만들어요.
종이를 겹치고 오려서 눈 결정 모양을 만드는 놀이입니다.

 준비물

- ☐ A4용지 3~4장
- ☐ 가위   ☐ 연필

 소요 시간 10분

 필요 인원 1명

● 관련 단원 : 4학년 2학기 2단원 물의 상태 변화

 **궁금해요!**

실제 눈 결정은 어떻게 생겼을까요?

 하늘에서 내리는 눈의 결정을 현미경으로 관찰하면 육각형 모양의 대칭 구조를 볼 수 있습니다. 물 분자의 배열로 인해 얼음결정이 구름 속을 돌아다니며 육각형 구조를 갖게 돼요. 눈 결정은 처음에는 작은 육각형 모양이다가 결정이 커지면 6개의 모서리에서 잔가지가 나옵니다. 구름 속에서 떨어지면서 온도와 습도에 따라 눈 결정 모양은 달라집니다.

 놀이방법

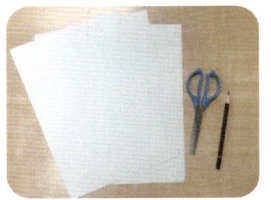

1 A4용지 3~4장, 가위, 연필을 준비합니다.

2 A4용지 한쪽을 삼각형 모양으로 접어줍니다.

가위질을 할 때에는 다치지 않게 조심합니다.

3 삼각형 모양이 끝나는 부분을 그대로 오려줍니다.

4 삼각형으로 접힌 종이를 반으로 한 번 더 접습니다.

5 같은 방법으로 반으로 한 번 더 접습니다.

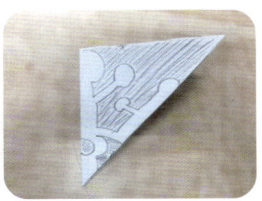

6 사진을 참고하여 눈 결정을 만들기 위한 그림을 그려줍니다.

7 그림을 그린 대로 오려줍니다.

8 종이를 펴면 눈 결정 모양이 완성됩니다.

     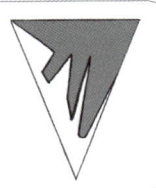

9 이 외에도 다양한 모양의 눈 결정 모양을 만들어봅니다.

TIP
- 인터넷, 책 등을 이용하여 눈 결정 모양을 확인해봅니다.
- 실제로 눈이 오는 날 밖으로 나가서 눈을 자세히 관찰해봅니다.
- 나만의 눈 결정 모양을 다양하게 만들어봅니다.

 정리 및 재활용

- 큰 종이는 재활용 쓰레기로 버리고, 작은 종이는 일반 쓰레기로 버립니다.
- 사용한 가위와 연필은 안전한 곳에 보관합니다.

34 아슬아슬~ 손가락 위 잠자리

손가락 위에 잠자리를 올려 놀이해요.
종이로 만든 잠자리를 1개의 손가락 위에 올려 이리저리 움직이며 함께 놀아봅니다.

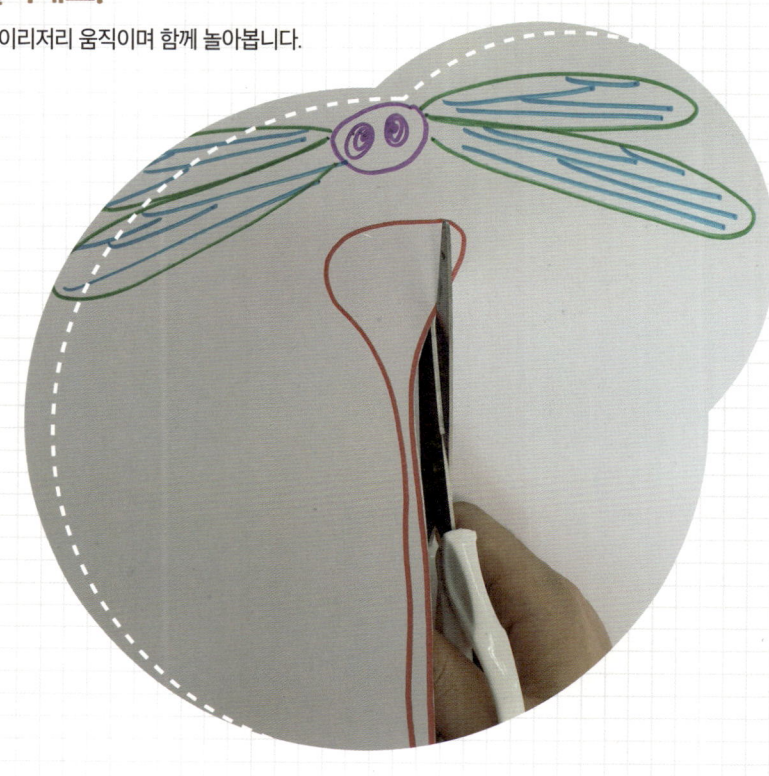

 준비물

- ☐ 두꺼운 종이 ☐ 사인펜
- ☐ 가위 ☐ 풀

 **소요 시간** 5분

 필요 인원 1명

● 관련 단원 : 4학년 1학기 4단원 물체의 무게

궁금해요!

손가락 위에 잠자리를 올리고 움직일 수 있는 이유는 무엇일까요?

수평을 잘 잡고 있기 때문입니다. 수평이란 기울지 않은 상태를 말하지요. 이 놀이에서는 손가락 위 잠자리가 한쪽으로 기울거나 떨어지지 않게 수평을 잘 잡아야 하지요. 수평을 잘 잡아 힘이 안정적으로 분산되어야 잠자리를 손가락 위에 오래 올려놓을 수 있습니다.

 놀이방법

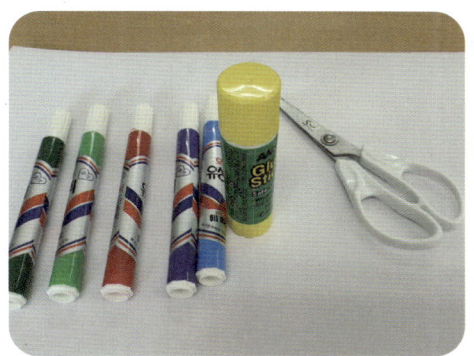

1 두꺼운 종이, 사인펜, 가위, 풀을 준비합니다.

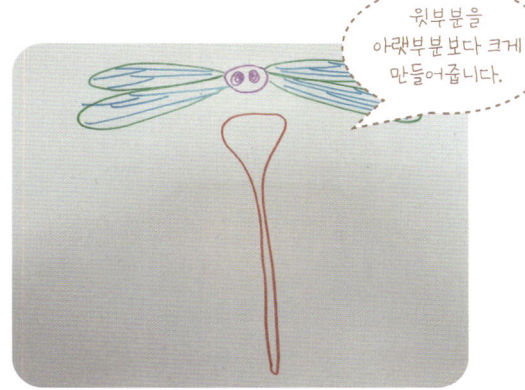

윗부분을 아랫부분보다 크게 만들어줍니다.

2 종이 위에 사인펜으로 잠자리의 윗부분(머리, 날개)과 아랫부분(몸통, 꼬리)을 그립니다.

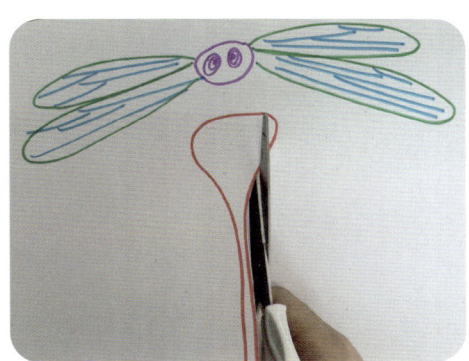

3 가위로 윗부분과 아랫부분을 잘라줍니다.

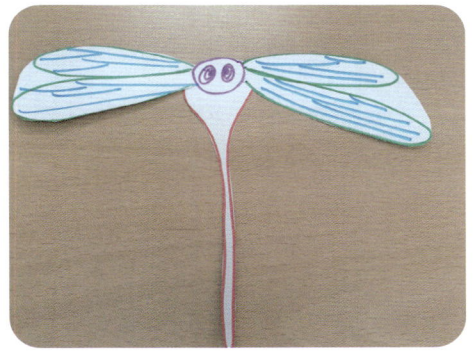

4 풀로 윗부분과 아랫부분을 붙여줍니다.

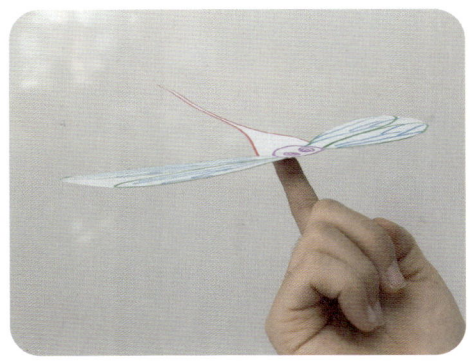

5 손가락 위에 잠자리를 올리고 이곳저곳 움직여봅니다.

 TIP

- 잠자리를 손바닥 크기로 만들어 주면 손쉽게 놀이할 수 있습니다.
- 잠자리의 날개를 살짝 위로 접어 올려주면 수평잡기가 더 쉽습니다.
- 수평을 잡고 잠자리를 손끝에 올린 채 왕복달리기 경주를 하는 것도 재밌습니다.

 정리 및 재활용

작은 종이는 일반 쓰레기로 버립니다.

05 종이로 하는 과학놀이

35 종이 탑 쌓기
더 높이, 더 높이!

종이로 탑을 쌓아보아요.
쓰러지지 않게 종이를 이용해 탑 건축물을 만들어보는 놀이입니다.

준비물
☐ 색종이

소요 시간 5분

필요 인원 1명

● 관련 단원 : 4학년 1학기 4단원 물체의 무게

궁금해요!

종이 탑을 높이 쌓으려면 어떻게 해야 할까요?

수평을 잘 잡아줍니다. 수평이란 기울지 않은 상태를 말하지요. 막대를 1개씩 높이 쌓는 과정에서 힘이 한쪽으로 치우치지 않게 수평을 잘 잡아야 해요. 힘이 안정적으로 분산되어야 높고 튼튼하게 탑을 쌓을 수 있답니다.

 놀이방법

1 색종이 여러 장을 준비합니다.

2 색종이를 십자 접기한 후 윗부분을 삼각 접기로 접어줍니다.

3 삼각 접기 부분을 아래로 내려줍니다.

4 뒤로 돌려 대문 접기를 합니다.

5 양 끝부분을 서로 끼워줍니다. 이때 정확히 끼우기 위해 풀이나 테이프를 이용해 고정해도 좋습니다.

6 여러 장을 접어 위로 종이 탑을 쌓아 올립니다.

7 무너지지 않게 계속해서 쌓아 올립니다.

> 친구와 함께 놀이한다면 협동하며 쌓아보고 무너지더라도 서로 배려합니다.

 정리 및 재활용

색종이는 재활용 쓰레기로 버립니다.

05 종이로 하는 과학놀이

36 종이 미끄럼틀
종이 타고 슝슝슝~

종이를 이용해 미끄럼틀을 만들어보아요.
종이를 이용해 만든 신나는 롤러코스터에 구슬을 굴리는 놀이입니다.

준비물

☐ 종이   ☐ 구슬
☐ 테이프 ☐ 가위 ☐ 종이컵

소요 시간 15분

필요 인원 1명, 여러 명 가능

● 관련 단원 : 6학년 2학기 5단원 에너지와 생활

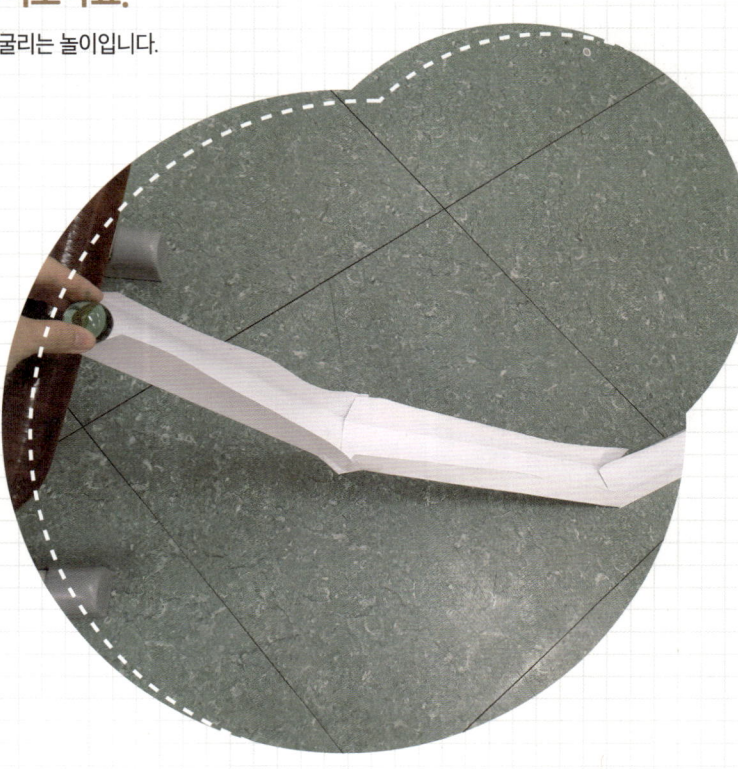

궁금해요!

종이 미끄럼틀에는 어떤 과학 원리가 숨어 있을까요?

 이 놀이에서는 위치 에너지와 운동 에너지 사이에 변환이 일어나며 구슬이 움직입니다. 높은 위치에서 구슬이 움직이기 시작해 종이로 만든 미끄럼틀 길을 타고 아래로 내려가는 과정에서 에너지의 변환이 일어난답니다.

구슬이 빠르게 미끄럼틀을 이동하려면 어떻게 해야 할까요?

 미끄럼틀의 경사면 각도를 더 크게 합니다. 미끄럼틀의 길이가 길면 가속도가 붙어 속도가 빨라집니다.

 **놀이방법**

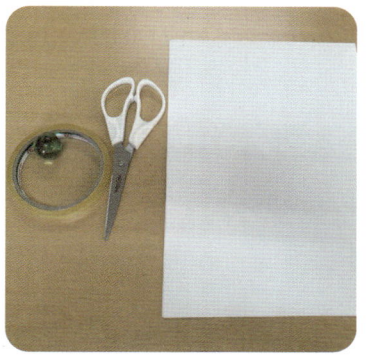

1 종이, 구슬, 가위, 테이프, 종이컵을 준비합니다.

2 종이를 절반으로 접어 가로로 길게 잘라 줍니다.

종이를 1겹만 사용해 길을 만들 수도 있고, 여러 겹으로 겹쳐 길을 만들 수도 있습니다.

3 긴 종이의 옆 두 부분을 접어 길을 만듭니다.

설계도를 바탕으로 만들되 얼마든지 변경 가능하도록 합니다.

4 길과 길을 테이프로 붙여 길게 연결합니다.

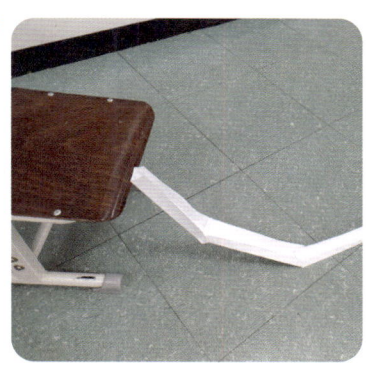

5 의자를 활용하여 경사를 조절할 수 있습니다.

구슬이 엉뚱한 곳에 떨어지지 않도록 마지막 길에 종이컵을 붙여주면 좋습니다.

6 구슬을 굴려 놀이합니다.

 TIP

- 종이 길의 경사 및 기울기에 따라 구슬의 속도를 조절할 수 있습니다.
- 경사면의 정도는 종이를 접어 조절할 수 있습니다.
- 수시로 구슬을 굴려보며 길을 만들어 시행착오를 줄이면 좋습니다.

 **정리 및 재활용**

잘게 자른 종이는 일반 쓰레기로 버립니다.

37 사라지는 글자
오잉? 글자가 어디 갔지?

거리를 조절해가며 종이에 표시한 기호가 보이지 않는 곳을 찾아보아요.

망막의 맹점에 상이 맺히게 하여 눈으로 사물을 보고 있어도 뇌가 인식하지 못하는 경험을 하는 놀이입니다.

- 흰 종이(10cm×40cm)
- 검은색 사인펜 □ 50cm 자

 소요 시간 5분

 필요 인원 1명

● 관련 단원 : 6학년 2학기 4단원
　　　　　　우리 몸의 구조와 기능

궁금해요!

어느 순간 한쪽의 O표시와 X표시가 보이지 않게 된 이유는 무엇일까요?

흰 종이를 집중해서 잘 관찰했다면 어느 순간 O표 혹은 ×표가 보이지 않는 순간이 있었을 것입니다. 이것은 초점이 맹점에 맺히기 때문입니다. 우리가 눈으로 본 사물의 모습은 빛과 함께 동공으로 들어옵니다. 그 후 각막과 수정체를 지나 망막에 '상'으로 맺힙니다. 이렇게 망막에 맺힌 사물의 모습을 시각신경이 뇌로 전달하면, 우리는 사물을 볼 수 있게 됩니다. 그런데 망막에는 시각신경이 없는 부분이 있습니다. 그곳이 바로 맹점입니다. 시각신경이 없는 맹점에 사물의 모습이 맺히면 사물의 모습이 뇌로 갈 수 없어 인식할 수가 없게 됩니다. 한쪽 눈을 가리고 사물과의 거리를 조절하면, 어느 순간 상이 맹점에 맺히면서 순간적으로 우리 눈이 기능을 하지 못하게 되는 것이랍니다.

 **놀이방법**

날카로운 종이에 손이 베이지 않도록 주의합니다.

1 흰 종이, 검은색 사인펜, 50cm 자를 준비합니다.

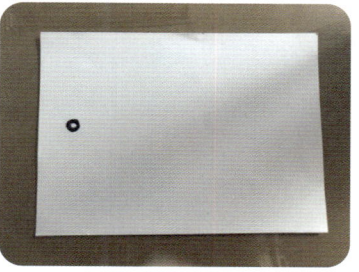

2 흰 종이 왼쪽에 검은색 사인펜으로 지름 약 1cm 크기의 O표시를 그리고 색칠합니다.

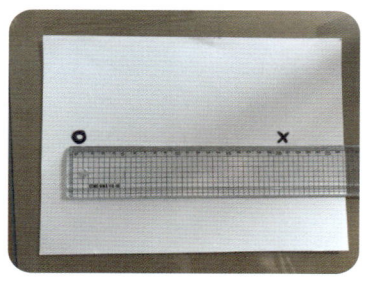

3 O표시에서 오른쪽으로 20cm 정도 떨어진 곳에 O표시와 같은 크기로 ×표시를 합니다.

4 흰 종이를 눈에서 약 50cm 떨어뜨린 뒤, 왼쪽 눈을 가리고 O표시를 봅니다.

5 손으로 종이를 점점 가까이 잡아당기면서 ×표시가 보이지 않는 순간을 관찰합니다.

6 다시 흰 종이를 눈에서 50cm 떨어뜨리고 이번에는 오른쪽 눈을 가리고 ×표시를 봅니다.

7 종이를 점점 눈과 가까이 잡아당기면서 O표시가 보이지 않는 순간을 관찰합니다.

 TIP

흰 종이의 거리를 조절할 때에는 느리게 조절해서 표시가 보이지 않는 곳을 신중하게 찾아봅니다.

 **정리 및 재활용**

종이는 재활용 쓰레기로 버립니다.

38 지문 관찰하기
내 손가락에 숨겨진 비밀!

나의 지문의 모양을 확인해보아요.
손가락에 연필 가루를 묻혀 테이프에 찍고 지문의 모양을 확인하는 놀이입니다.

 준비물

- ☐ A4용지 1장 ☐ 가위
- ☐ 연필 ☐ 투명테이프

소요 시간 5분

필요 인원 1명

● 관련 단원 : 6학년 2학기 4단원
　　　　　　우리 몸의 구조와 기능

 **궁금해요!**

손가락에 지문이 있는 부분을 다치면 지문의 모양이 바뀔까요?

 지문은 평생 변하지 않습니다. 손가락에 상처가 나도 지문은 바뀌지 않습니다. 사람마다 고유의 지문 모양이 있기 때문에 지문은 사람을 구분하는 가장 중요한 특징이 되기도 한답니다.

나와 지문이 같은 모양인 사람이 있을까요?

 모든 사람은 각기 다른 모양을 가지고 있습니다. 지문은 유전자가 같은 일란성 쌍둥이라도 다릅니다.

 놀이방법

1 A4용지 1장, 가위, 연필, 투명테이프를 준비합니다.

2 A4용지 1장을 반으로 자릅니다.

연필심이 뾰족해서 다칠 수 있으니 장난치지 않도록 합니다.

3 첫 번째 종이에 연필로 엄지손가락 끝보다 큰 원을 그리고 까맣게 색칠합니다.

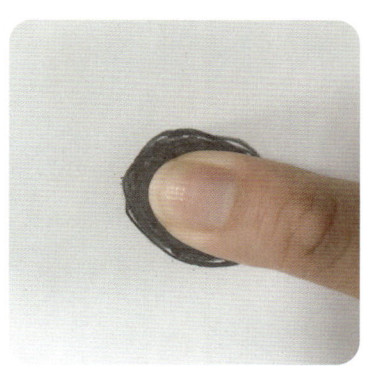

4 엄지손가락을 연필 자국에 대고 3초간 꾹 누릅니다.

연필 가루가 묻은 손가락은 놀이 후에 비누로 깨끗하게 씻습니다.

5 투명한 테이프의 끈적거리는 면에 엄지손가락 끝을 3초간 꾹 누른 뒤 뗍니다.

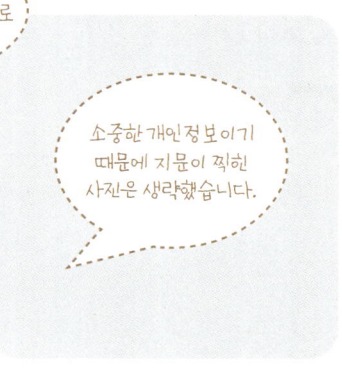

소중한 개인정보이기 때문에 지문이 찍힌 사진은 생략했습니다.

6 두 번째 종이에 테이프를 붙이고, 지문의 모양을 확인합니다.

TIP

- 손가락에 이마 기름을 묻힌 뒤 놀이를 하면 지문이 더 잘 찍힙니다.
- 엄지손가락 외에 다른 손가락으로도 같은 놀이를 해봅니다. 지문의 모양이 어떤가요?
- 친구들과 같은 놀이를 해보고 다른 사람들과 나의 지문 모양을 비교해 봅니다.

정리 및 재활용

- 종이는 재활용 쓰레기로 버립니다.
- 지문을 묻힌 테이프는 개인정보가 도용되지 않도록 깔끔하게 잘라서 일반 쓰레기로 버립니다.

39 바람 따라 뱅글뱅글! 바람개비

바람의 힘으로 종이를 돌려요.
작은 바람에도 쉽게 돌아가는 바람개비를 만들어보는 놀이입니다.

 준비물

☐ 빨대   ☐ 나무젓가락
☐ 압정   ☐ 색종이   ☐ 가위

 소요 시간 5분

 필요 인원 1명

● 관련 단원 : 5학년 2학기 3단원 날씨와 우리 생활

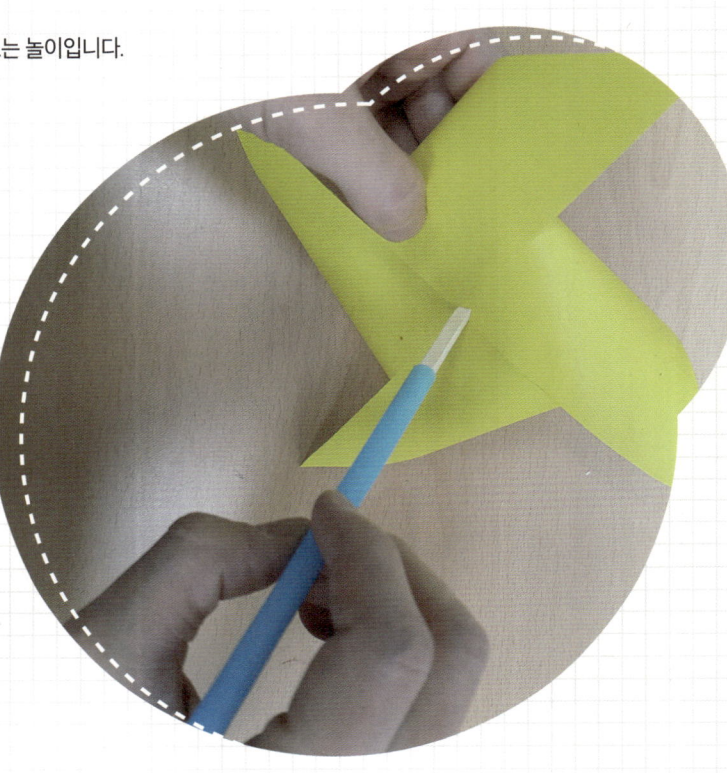

 궁금해요!

바람개비가 돌아가는 이유는 무엇일까요?

 바람개비에 입으로 바람을 불어넣거나 바람개비를 잡고 달리면 바람개비는 회전합니다. 그 이유는 공기가 바람개비 날개의 비스듬한 면에 부딪치며 바람개비를 밀어내기 때문입니다.

바람개비가 잘 돌아가게 하려면 어떻게 만들어야 할까요?

 바람개비가 잘 돌아가려면 가벼운 재질, 날개의 모양도 중요하지만 무엇보다 바람개비가 돌아갈 때 마찰되는 부분을 줄여주는 것이 좋답니다.

 놀이방법

1 빨대, 나무젓가락, 압정, 색종이, 가위를 준비합니다.

2 색종이를 삼각형 모양으로 2번 접어 대각선을 만들어줍니다.

3 대각선을 따라 가위로 오리다가 가운데 지점에서 2cm 정도 남겨줍니다.

날개의 크기와 개수, 접는 방법을 다르게 하여 나만의 바람개비를 만들어도 좋습니다.

4 사진과 같이 4개의 귀퉁이를 가운데서 모아 압정으로 눌러줍니다.

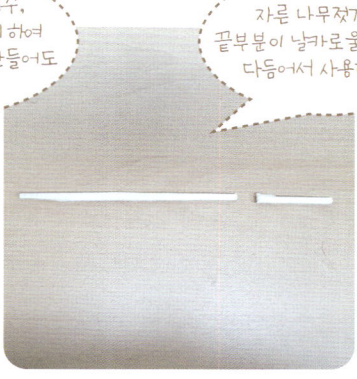

자른 나무젓가락의 끝부분이 날카로울 수 있으니 다듬어서 사용합니다.

5 젓가락을 분리한 후 얇은 부분을 5cm 정도 길이로 자릅니다.

6 젓가락의 윗부분에 4번에서 만든 종이를 압정으로 연결합니다.

7 빨대에 젓가락을 넣습니다.

8 바람을 불어넣습니다.

 TIP

선풍기 앞에서 어느 바람개비가 가장 잘 돌아가는지 확인해봅니다.

 **정리 및 재활용**

- 색종이와 나무젓가락, 빨대는 재활용 쓰레기로 버립니다.
- 압정은 다시 사용할 수 있습니다.

40 자석으로 그림 그리기
알록달록~

자석의 다른 극은 서로를 끌어당겨요.
자석의 성질을 이용하여 직접 손대지 않고 볼펜을 움직여 그림을 그려보는 놀이입니다.

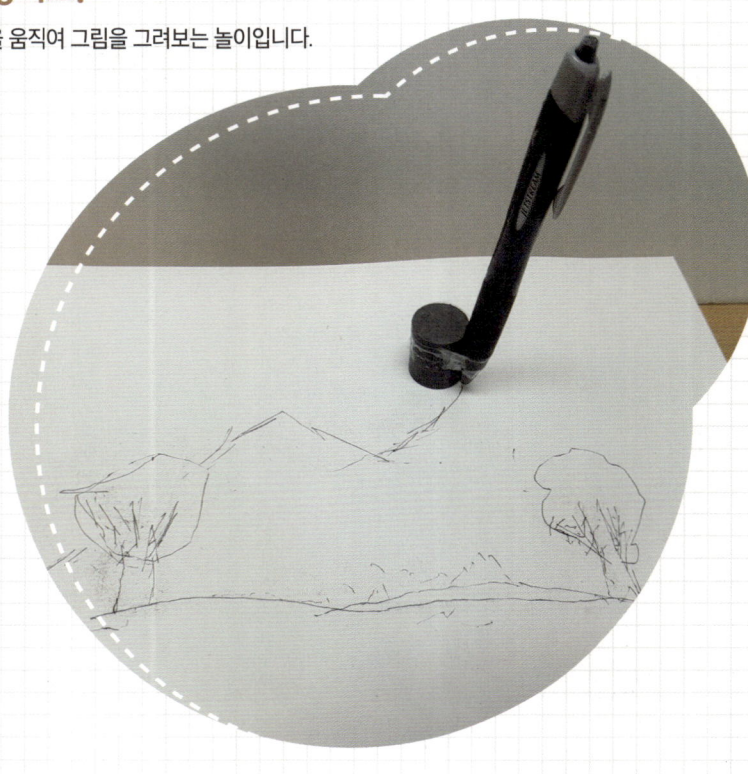

 준비물

☐ 동전 자석 ☐ 막대자석
☐ 종이 ☐ 볼펜 ☐ 테이프
☐ 단단한 책받침

 소요 시간 15분

 필요 인원 1명

● 관련 단원 : 3학년 1학기 4단원 자석의 이용

 **궁금해요!**

자석의 같은 극, 서로 다른 극 사이에는 어떤 힘이 작용할까요?

 자석에서 철로 된 물체가 많이 붙는 부분을 극이라고 합니다. 자석의 극에는 N극과 S극이 있지요. 같은 극끼리는 밀어내는 힘, 다른 극끼리는 끌어당기는 힘이 작용합니다. 납작한 동전 자석에도 2개의 극이 있습니다. 막대자석의 N극에 끌려오는 한쪽 면이 S극, 다른 쪽 면은 N극이랍니다.

동전 자석이 막대자석에 의해 움직이는 이유는 무엇일까요?

 철, 쇠로 이루어져 있기 때문입니다.

 **놀이방법**

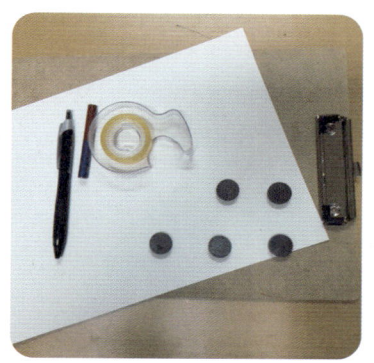

1 동전 자석, 막대자석, 종이, 볼펜, 테이프, 책받침을 준비합니다.

강한 세기를 가진 네오디움 자석은 손가락이 끼는 등 부상의 위험이 있으니 일반 자석을 사용하는 것이 좋습니다.

2 동전 자석을 여러 개 연결합니다.

3 볼펜심을 눌러 나오게 한 후 동전 자석 옆에 세워 테이프로 고정합니다.

4 종이를 책받침에 올립니다.

5 종이의 위쪽에는 동전 자석과 연결한 볼펜을, 아래쪽에는 막대자석을 붙입니다.

다양한 색상의 펜으로 멋진 그림을 그려봅니다.

6 아래쪽에 있는 막대자석을 움직여 원하는 그림을 그립니다.

 TIP

- 볼펜을 떼지 말고 연속해서 그림을 그려봅니다.
- 자석의 힘이 너무 강하면 그림을 그리는 데 어려움이 있으니 자석의 개수를 조절해 적당한 세기를 찾아봅니다.

 **정리 및 재활용**

자석, 테이프, 볼펜은 분리해 정리합니다.

41 책 줄다리기
영차, 영차!

책의 힘을 느껴보아요.
책장 사이의 마찰력을 이용해 줄다리기를 해보는 놀이입니다.

 준비물

☐ 두께가 비슷한 책 2권

 소요 시간 5분

 필요 인원 2명

● 관련 단원 : 5학년 2학기 4단원 물체의 운동

 궁금해요!

서로 책장을 겹친 책을 양쪽에서 잡아당기면 어떤 일이 일어날까요?

 마찰력보다 큰 힘을 줄 때 책이 분리됩니다.

책이 쉽게 분리되지 않는 이유는 무엇일까요?

  마찰력과 관련이 있습니다. 어떤 물체가 다른 것과 접촉하여 움직이려고 할 때 그 움직임을 방해하는 힘을 마찰력이라고 합니다. 종이도 마찬가지입니다. 종이 1장의 마찰력은 얼마 되지 않지만 수십 장이 겹치면 마찰력이 어마어마해져요.

 **놀이방법**

> 너무 얇은 책 말고 어느 정도 두께가 있는 책을 사용하도록 합니다.

1 두께가 비슷한 책 2권을 준비합니다.

2 책의 열리는 부분이 마주보게 책 2권을 놓고 양손 엄지로 책장을 넘길 수 있게 잡습니다.

3 양쪽을 번갈아가며 책장을 1장씩 겹칩니다.

4 계속해서 겹칩니다.

5 책 1권만 들어봅니다.

> 힘을 주고 마구 당기다가 책이 분리되면 넘어지며 큰 사고가 날 수 있으니 적당한 힘을 줍니다.

6 친구와 책을 1권씩 각각 붙잡고 잡아당겨봅니다.

 TIP
- 두꺼운 책일수록 마찰력의 크기가 커져 분리하기 어려워진답니다. 실제로 아주 두꺼운 책으로 실험을 했는데 양쪽에서 2대의 트럭이 잡아당겨도 쉽게 분리되지 않았습니다.
- 책을 분리하려면 힘으로 잡아당기지 말고, 1장씩 펼쳐 책장의 일부를 분리한 후 1권만 잡고 아래로 살살 털어주면 쉽게 분리됩니다.

 **정리 및 재활용**

사용한 책은 책꽂이에 가지런히 꽂아서 보관합니다.

42 가을 낙엽 책갈피

가을 추억을 남겨보아요~

낙엽을 반듯하게 말려 낙엽 책갈피를 만들어요.

색이 예쁜 낙엽을 주워 두꺼운 책 사이에 끼워 말려 예쁜 책갈피를 만드는 놀이입니다.

준비물

☐ 낙엽 ☐ 두꺼운 책
☐ 갑휴지

소요 시간 이틀

필요 인원 1명

● 관련 단원 : 4학년 2학기 1단원 식물의 생활

궁금해요!

시간이 지나서 낙엽이 딱딱하게 굳은 이유는 무엇일까요?

 낙엽 안의 수분이 사라지기 때문입니다. 갓 떨어진 낙엽은 수분을 머금고 있어 편평하지 않고 약간 휘어져 있습니다. 이 낙엽을 갑휴지 사이에 넣어두면 갑휴지가 낙엽 속 수분을 빨아들여 낙엽이 딱딱하게 마르는 것을 도와줍니다.

내가 만든 낙엽 책갈피를 더 오래 사용하려면 어떻게 하면 좋을까요?

 두꺼운 책은 낙엽이 굳을 때 편평하고 반듯하게 펴질 수 있도록 낙엽을 꾹 누르는 역할을 합니다. 마른 낙엽을 코팅지 안에 넣어 코팅 처리를 해주어도 좋습니다.

 **놀이방법**

1 야외로 나가 땅에 떨어져 있는 낙엽을 줍습니다.

2 실내로 돌아와 여러 가지 종류의 낙엽, 두꺼운 책, 갑휴지를 준비합니다.

 TIP
- 갓 떨어져서 촉촉한 낙엽을 줍는 것이 좋습니다. 이미 말라버린 낙엽은 예쁘게 펴서 말리기가 어렵습니다.
- 나뭇가지에 붙어 있는 잎사귀를 억지로 뜯는 것은 나무를 소중히 여기지 않는 행동입니다. 높이 있는 잎을 따려다가 다칠 수도 있으니 꼭 땅에 떨어진 낙엽을 줍습니다.

3 두꺼운 책 1권을 펴고 갑휴지 1장을 책의 한 면에 펼쳐줍니다.

4 주워온 낙엽을 찢어지지 않게 평평하게 펴서 갑휴지 위에 올립니다.

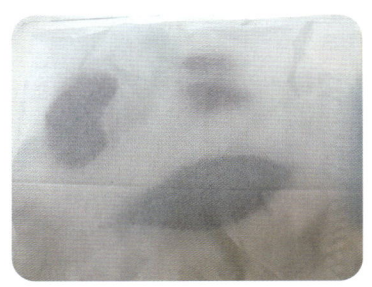

5 펼친 낙엽들 위에 갑휴지 1장을 다시 올립니다.

6 책을 덮고 그 위에 다른 두꺼운 책 1권을 올려 꾹 눌러줍니다.

7 이틀이 지난 뒤 책과 갑휴지를 제거하고 편평하고 딱딱하게 마른 낙엽을 확인합니다.

 TIP
- 낙엽 책갈피를 더 오래 쓰고 싶다면 두꺼운 종이에 낙엽 책갈피를 붙여 덧대어서 사용하거나 낙엽 책갈피를 코팅해서 사용하면 좋습니다.
- 낙엽 외에 꽃잎으로도 책갈피를 만들어봅시다.

정리 및 재활용
- 사용한 갑휴지, 낙엽 등은 일반 쓰레기로 버립니다.
- 사용한 책은 책꽂이에 가지런히 꽂아서 보관합니다.

43 형형색색 거름종이 꽃

예쁜 꽃이 피었습니다

거름종이와 사인펜을 이용해 예쁜 꽃을 만들어요.

혼합물인 사인펜과 거름종이를 활용하여 여러 가지 색이 나타나는 꽃을 만들어보는 놀이입니다.

준비물

☐ 수성 사인펜 ☐ 거름종이
☐ 가위 ☐ 작은 페트병

 **소요 시간** 10분

 필요 인원 1명

● 관련 단원 : 4학년 1학기 5단원 혼합물의 분리

 **궁금해요!**

거름종이 꽃은 어떤 과학 원리를 이용한 것일까요?

 혼합물의 이동속도 차이를 이용한 과학놀이입니다. 수성 사인펜은 혼합물로 눈에는 1가지 색만 보이지만 실제로는 다양한 색이 들어 있습니다. 거름종이에 묻은 잉크가 물을 만나 번지면 분리되어 여러 가지 색이 보입니다. 이 원리를 사용해 예쁜 꽃을 만든답니다.

다양한 색의 꽃을 만들려면 어떻게 해야 할까요?

 여러 가지 색의 수성 사인펜을 이용해 놀이합니다.

 놀이방법

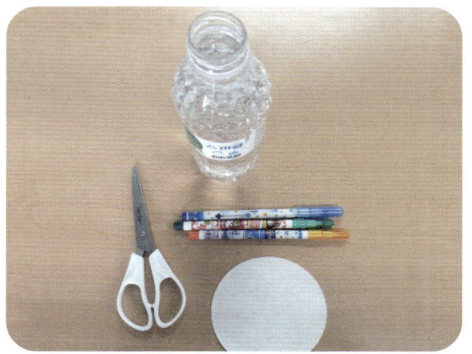

1 수성 사인펜, 거름종이, 가위, 물을 가득 담은 작은 페트병을 준비합니다.

2 거름종이 1장을 3번 접어줍니다.

3 가위로 접은 거름종이의 끝부분을 동그랗게 잘라줍니다.

4 펼치면 꽃 모양이 됩니다.

5 다른 거름종이 1장을 1/4로 잘라줍니다.

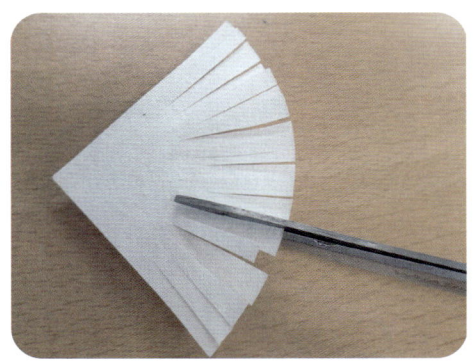

6 끝부분을 잘게 자르지 않습니다.

여러 가지 색의 수성 사인펜으로 놀이하면 다양한 결과를 얻을 수 있습니다.

7 작업한 거름종이의 가운데 부분에 수성 사인펜으로 선을 그어줍니다.

8 꽃모양 거름종이 가운데에 구멍을 뚫어, 잘게 잘라 만 거름종이를 끼워줍니다.

9 페트병에 물을 담고 가운데 거름종이의 끝부분이 물에 닿도록 합니다.

평소 알고 있던 색에 여러 가지 색이 숨어 있으니 놀라지 말아요.

10 변화를 관찰합니다.

물길을 따라 잉크가 점점 번집니다.

물길을 따라 잉크가 종이 끝까지 퍼집니다.

TIP
- 거름종이를 이용해 꽃 이외의 다양한 모양으로 놀이할 수 있습니다.
- 거름종이 끝에 물이 충분히 적시도록 담그면 좋습니다.

 정리 및 재활용
- 거름종이는 말려서 재활용 쓰레기로 버립니다.
- 잘게 자른 종이는 일반 쓰레기로 버립니다.

44 낙하산 장난감
하늘 높은 곳에서 슈웅~

양력의 힘을 이용한 낙하산 장난감을 만들어요.
종이를 접어 공중에서 빙글빙글 떨어지는 낙하산 장난감을 만들어보는 놀이입니다.

 준비물

☐ A4용지 1장 ☐ 클립 1개
☐ 가위 ☐ 자

 소요 시간 5분

 필요 인원 1명

• 관련 단원 : 4학년 1학기 4단원 물체의 무게

 **궁금해요!**

낙하산 장난감이 돌아가면서 공중에 떠 있을 수 있는 이유는 무엇일까요?

 돌아가는 낙하산 장난감은 날개를 회전하며 땅으로 떨어집니다. 이때 장난감에 양력이 작용하는데, 양력은 날개가 돌아갈 때에는 몸체를 위로 들어올리며 장난감이 떨어지지 않도록 도와주는 힘이랍니다.

양력이 적용된 생활 주변의 예로는 어떤 것들이 있을까요?

 비행기 날개, 새의 날개 등이 있습니다.

 놀이방법

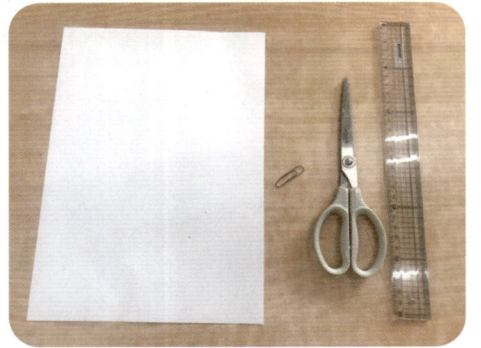

1 A4용지 1장, 클립 1개, 가위, 자를 준비합니다.

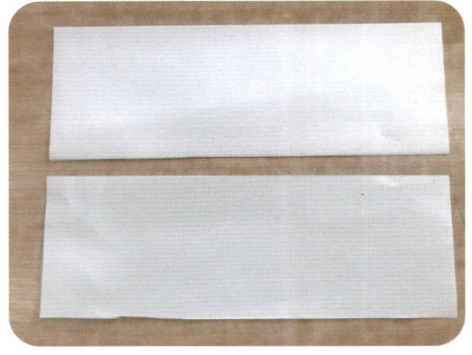

2 A4용지 1장을 반으로 접어 잘라 직사각형 모양을 만들어줍니다.

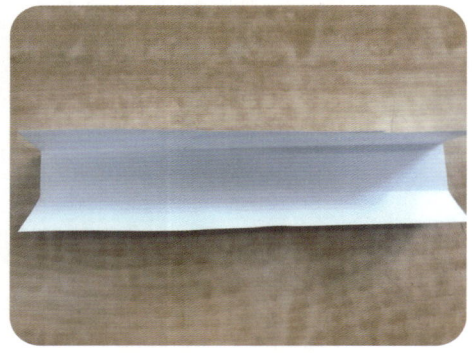

3 반으로 자른 종이를 길게 3등분하여 접습니다.

4 3등분해서 접은 종이의 한쪽 선에서 3cm를 남기고 잘라줍니다.

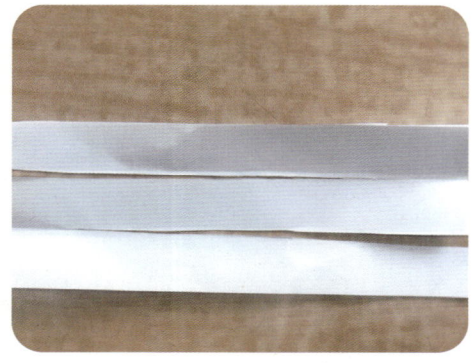

5 남은 한쪽 선을 반대쪽부터 3cm를 남기고 잘라줍니다.

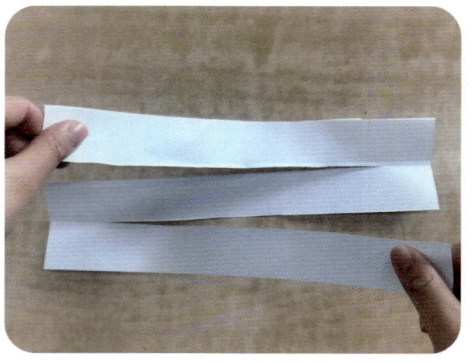

6 양손으로 종이의 끝을 잡아서 위로 올립니다.

7 종이의 양 끝을 서로 마주보게 합니다.

클립의 뾰족한 부분에 손이 다치지 않도록 주의합니다.

8 클립으로 종이의 양 끝을 잘 고정합니다.

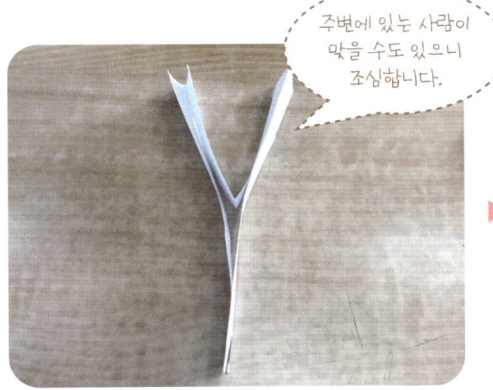

주변에 있는 사람이 맞을 수도 있으니 조심합니다.

9 장난감을 클립이 아래로 가게 하여 공중으로 던져보고 떨어지는 모양을 확인합니다.

 TIP
- 크기와 무게가 다양한 종이와 클립을 이용하여 같은 놀이를 해봅니다.
- 낙하산 장난감이 오래 공중에 머무를 수 있도록 하려면 어떻게 하면 좋을지 생각해봅니다.

 **정리 및 재활용**
- 종이는 재활용 쓰레기로 버립니다.
- 클립은 안전한 곳에 보관하고 다시 사용합니다.

06
몸으로 하는 과학놀이

45 커졌다 작아졌다~ 동공 크기 변화

빛에 따라 동공의 크기가 바뀌는 것을 확인해보아요.

밝은 곳에서 동공이 축소하고, 어두운 곳에서 동공이 확장되는 것을 직접 확인하는 놀이입니다.

- ☐ 안대 ☐ 거울

소요 시간 10분

필요 인원 1명

● 관련 단원 : 6학년 2학기 4단원
　　　　　　우리 몸의 구조와 기능

궁금해요!

동공의 크기가 달라지는 이유는 무엇일까요?

동공은 빛의 양에 따라 크기가 달라지기 때문입니다.

동공의 크기에 따라 어떤 차이가 있을까요?

어두운 곳에 있으면 많은 빛을 감지할 수 있도록 동공이 커집니다. 밝은 곳에 있을 때에는 망막에 도달하는 빛의 양을 줄여 보다 선명한 상이 나타나도록 동공 크기가 줄어듭니다.

 **놀이방법**

1 안대와 거울을 준비합니다.

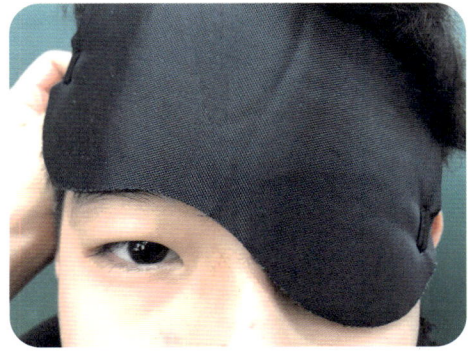

2 한쪽 눈에 안대를 씁니다.

해를 똑바로 쳐다보지 않도록 합니다. 자외선에 의해 눈에 안 좋은 영향을 끼칠 수 있습니다.

3 해가 잘 비칠 때 밖에 나가서 10분 동안 앉아 있습니다.

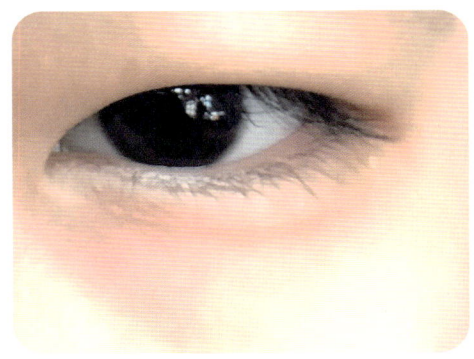

4 안대를 풀고 거울로 왼쪽 눈과 오른쪽 눈의 동공 크기를 확인합니다.

 TIP

- 밝은 날 놀이를 하고, 안대 안쪽으로 빛이 많이 들어가지 않도록 놀이하는 것이 좋습니다.
- 안대를 쓰고 10분간 해적 놀이도 해봅니다.
- 친구의 동공을 서로 관찰해봅니다.

 **정리 및 재활용**

안대와 거울은 제자리에 정리합니다.

46 착시 미술 작품
어라? 오잉? 앗? 잉?

착시를 활용한 나만의 독창적인 미술 작품을 만들어요.

색 테이프와 주변 사물들, 벽 등을 이용하여 착시를 활용한 거대 미술 작품을 만드는 놀이입니다.

 준비물

☐ 벽 ☐ 바닥 ☐ 색 테이프
☐ 다양한 사물

소요 시간 30분

필요 인원 2명

- 관련 단원 : 6학년 2학기 4단원
  우리 몸의 구조와 기능

궁금해요!

색 테이프를 이용한 그림에 착시가 생기는 이유는 무엇일까요?

 원근법과 기하학적인 형태 등을 이용하여 착시 효과를 일으키기 때문입니다. 색 테이프로 평면을 입체 공간으로 바꾸거나 사물이나 사람을 관통하는 것처럼 착각하도록 할 수 있습니다.

착시 작품으로 유명한 작가는 누가 있을까요?

 색 테이프 과학미술에 대해 더 알아보고 싶다면 '아카시 니할라니'의 작품을 검색해봅니다.

놀이방법

1 색 테이프와 색 테이프를 붙일 벽, 바닥, 사물 등을 준비합니다.

2 착시 작품을 어떻게 만들지 간단하게 구상하여 밑그림을 그립니다.

> 색 테이프를 입으로 뜯거나 피부에 붙이는 등의 장난을 하지 않습니다.

3 구상한 작품이 현실이 되도록 벽, 바닥, 물건이 이어지게 색 테이프를 붙입니다.

4 평면 작품이 입체 작품처럼 보이는 작품을 완성했다면 사진으로 촬영해서 남깁니다.

5 보는 위치에 따라 모양이 바뀌는 작품을 만들어봅니다. 정면에서 보면 윗변이 떨어져 있는 사각형을 만들 수 있습니다.

6 이 사각형은 무릎을 꿇고 보면 하나의 사각형으로 합쳐진답니다.

7 다른 방법도 해봅니다. 색 테이프를 벽, 문, 복도의 벽 3군데에 나누어 붙여봅니다.

8 위치를 잘 잡으면 하나의 사각형으로 완성되는 작품을 만들 수 있답니다. 다양한 착시 작품을 만들어봅니다.

TIP

- 어떻게 하면 평면이 아닌 입체처럼 보일 수 있을지 생각하며 색 테이프를 신중하게 붙입니다.
- 평면 작품을 입체 작품처럼 느껴지게 만들어보았다면, 보는 위치에 따라 모양이 바뀌는 작품을 만들어봅니다. 여기까지 해결했다면 사물을 2개 활용한 착시 작품을 만들어봅니다.
- 눈으로 직접 보면서 작품을 만드는 것이 어려우면 친구에게 휴대폰 렌즈로 보면서 테이프 붙이는 위치를 알려달라고 합니다.

정리 및 재활용

작품을 사진으로 남겼다면 색 테이프를 뜯어서 일반 쓰레기로 버립니다.

47 눈으로 보는 심장 근육
두근두근~ 콩닥콩닥~ 쿵쿵쿵!

고무찰흙과 이쑤시개를 이용하여 간이 심장박동측정기를 만들어요.

간이 심장박동측정기를 만들어 심장이 움직이는 것을 느껴보는 놀이입니다.

 준비물

☐ 고무찰흙　☐ 이쑤시개
☐ 타이머

 소요 시간　5분

 필요 인원　1명

● 관련 단원 : 6학년 2학기 4단원
　　　　　　우리 몸의 구조와 기능

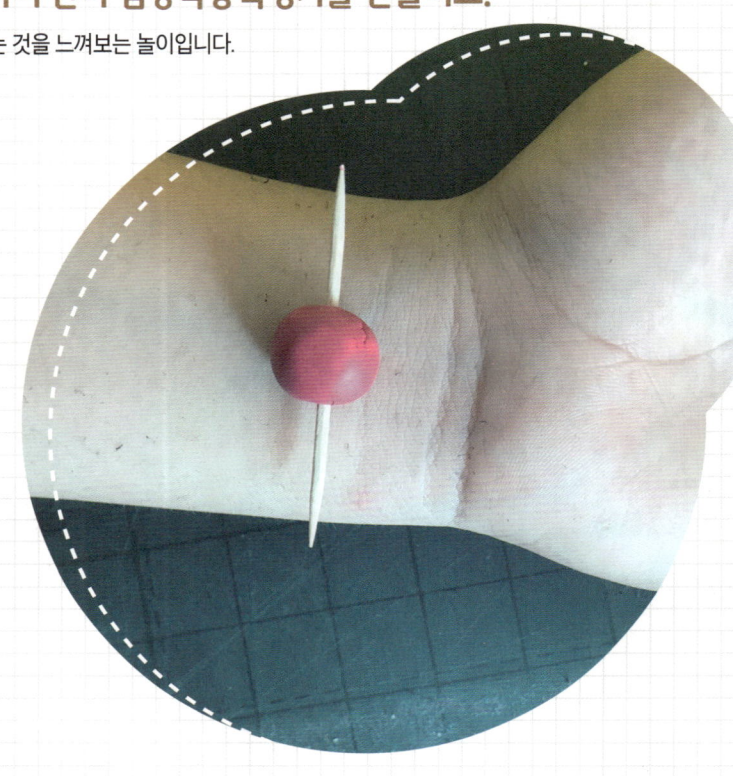

 궁금해요!

손목에 올려둔 이쑤시개가 움직이는 이유는 무엇일까요?

맥박이 뛰기 때문입니다. 맥박은 심장의 근육이 몸 전체에 피를 공급하기 위해 쉬지 않고 움직인다는 증거입니다.

1분당 이쑤시개가 몇 번 정도 움직일까요?

건강한 사람은 보통 심장이 1분에 60~70번 뜁니다. 그런데 운동을 하면 몸속에 더 많은 산소와 양분이 필요하기 때문에 운동 후 맥박을 재면 심장이 더 빨리 뛰는 것을 느낄 수 있습니다.

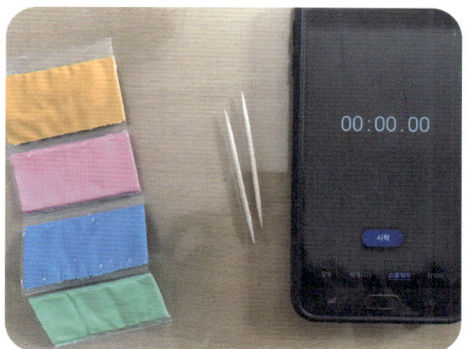

1 고무찰흙, 이쑤시개, 타이머를 준비합니다. 스마트폰의 애플리케이션도 괜찮습니다.

이쑤시개의 양쪽이 모두 뾰족하니 장난을 치거나 위험한 행동을 하지 않습니다.

2 지름 약 1cm의 타원 모양으로 만든 고무찰흙 사이에 이쑤시개를 찔러 넣습니다.

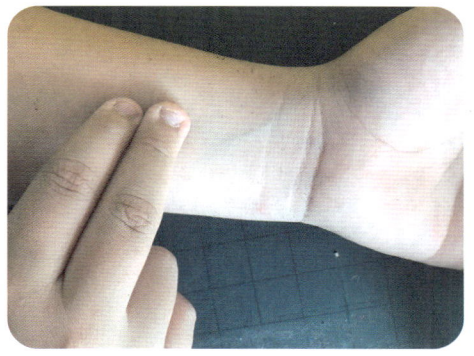

3 손가락 2개를 사용해서 손목에서 고동이 느껴지는 곳을 확인합니다.

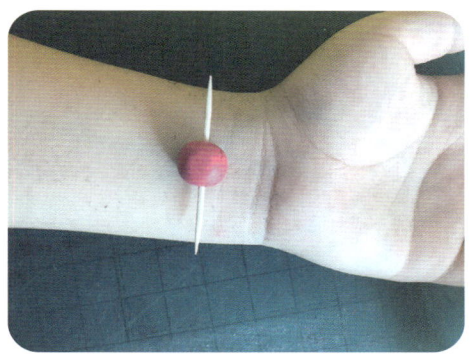

4 이쑤시개를 꽂은 고무찰흙을 손목의 고동이 느껴지는 곳에 올려놓습니다.

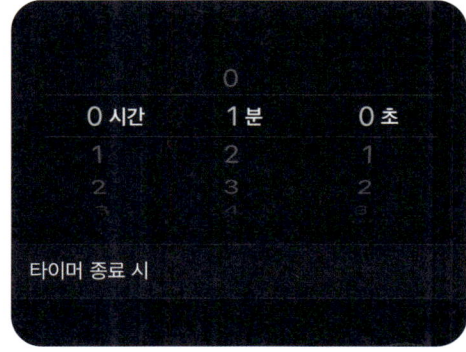

5 시간을 재며 이쑤시개가 1분간 움직이는 횟수를 세어봅니다.

TIP

1분 동안 이쑤시개가 움직이는 것을 센 후에는, 2분간 빠르게 뛰거나 걸은 뒤 같은 방법으로 이쑤시개의 움직임 횟수를 세어봅니다.

놀이에 사용한 고무찰흙과 이쑤시개는 일반 쓰레기로 버립니다. 이쑤시개는 뾰족한 부분을 휴지 등으로 감싸서 버립니다.

48 착시 그림 퀴즈
알쏭달쏭~ 알아맞혀보세요~

착시로 그림 퀴즈를 풀어봅니다.
착시로 인해 그림이 왜곡되어 보이는 것을 경험해보는 놀이입니다.

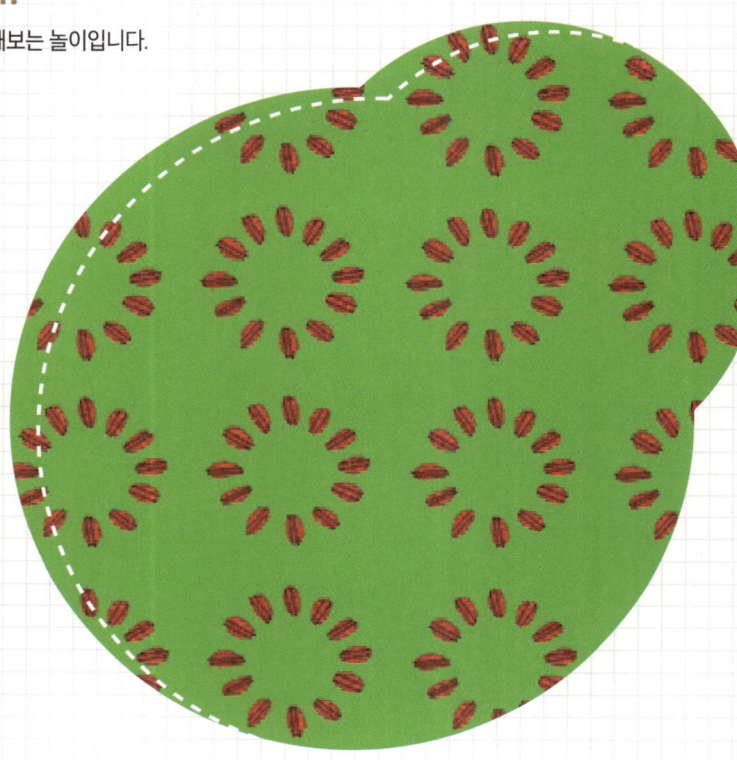

 준비물
☐ 자

 소요 시간 5분

 필요 인원 1명

● 관련 단원 : 6학년 2학기 4단원
　　　　　　우리 몸의 구조와 기능

 궁금해요!

 **실제와 다르게 보이는 이유는 무엇일까요?**
물체가 실제와 다르게 보이는 현상을 착시라고 합니다. 우리는 눈으로 사물을 본다고 생각하지만, 실제로는 망막에 맺힌 상이 시각세포를 통해 뇌로 전달되어 사물을 인식합니다. 그런데 때때로 망막에 맺힌 상을 뇌에서 잘못 판단하는 경우가 있습니다. 이것이 착시입니다.

 착시현상은 어떻게 보일까요?
착시현상이 일어나면 특정한 사물의 크기, 방향, 각도, 길이 등이 실제와 다르게 보입니다. 주변 환경에 따라 평평한 줄이 휘어져 보이는 것, 같은 크기인 원의 크기가 다르게 보이는 것, 멈춰져 있는 그림이 움직이는 것처럼 느끼게 되는 것 모두 착시현상 때문이랍니다.

놀이방법

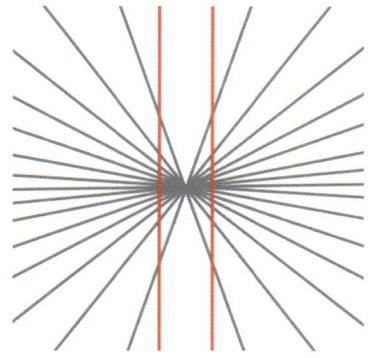

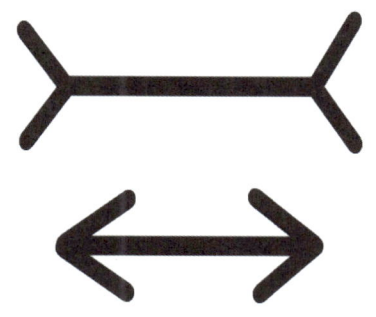

1 빨간색 선은 반듯한 직선일까요? 휜 곡선일까요?

2 각각의 그림 가운데에 있는 선을 비교했을 때 어떤 그림의 가운데 선이 더 긴가요?

3 평면에 그려진 원들이 돌아가는 것이 보이나요?

4 각각의 그림 가운데에 있는 노란색 동그라미 중 어떤 노란색 동그라미가 더 큰가요?

5 각각의 그림 안쪽 사각형의 색은 어떠한가요? 어느 쪽이 더 밝은가요? 종이를 직접 대어 비교해봅니다.

6 새를 30초 동안 본 뒤 새장 안에 찍힌 점을 쳐다봅니다. 무엇이 나타나나요?

 TIP
눈으로 보는 것이 정말 맞는지 자를 이용해 실제로 확인해봅니다.

플라스틱 자를 폐기하고 싶을 때에는 재활용 쓰레기로 버립니다.

49 제멋대로 움직이는 다리
요리조리 제멋대로 움직여요

무조건반사를 이용하여 다리가 제멋대로 움직이는 것을 경험해요.
뽕망치로 다리를 치면 다리가 내 의지와 상관없이 들리는 것을 경험하는 놀이입니다.

 준비물
- 뽕망치   □ 책상

🕐 소요 시간 5분

😊 필요 인원 2명

● 관련 단원 : 6학년 2학기 4단원
　　　　　　우리 몸의 구조와 기능

 궁금해요!

뽕망치로 다리를 치면 다리가 내 의지와 상관없이 들리는 이유는 무엇일까요?

 반사는 내 의지와 상관없는 반응으로 매우 빠르게 나타납니다. 반사에는 조건반사와 무조건반사가 있습니다. 그중 무조건반사는 선천적인 것으로, 자극이 주어졌을 때 뇌의 명령을 거치지 않고, 척수와 연수를 통해 바로 반응을 하는 것입니다. 놀이 속 무릎반사는 자극이 대뇌를 거치지 않고 척수에서 바로 반응하는 무조건반사입니다.

무조건반사에는 어떤 것들이 있을까요?

 척수를 통한 무조건반사로는 무릎반사 외에도 배뇨, 배변, 땀 분비 등이 있습니다. 기침, 재채기, 하품, 구토 등은 연수를 통해 척수에서 반응하는 무조건반사입니다.

 **놀이방법**

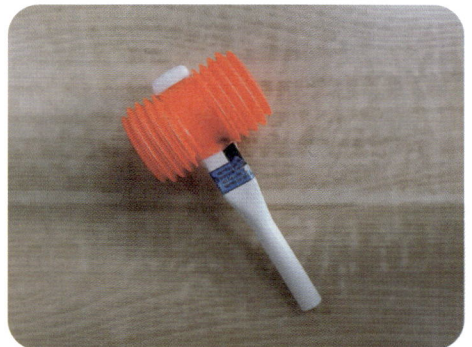

1 뿅망치, 책상을 준비합니다.

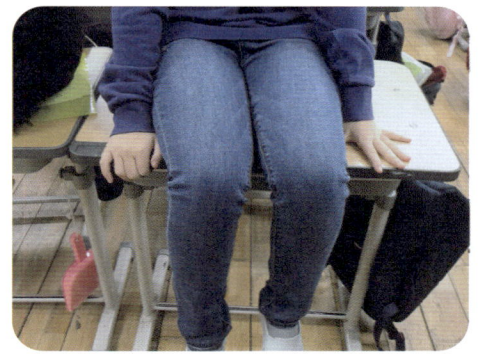

2 다리가 바닥에 닿지 않도록 책상에 걸터앉습니다.

친구의 다리를 뿅망치로 칠 때에는 너무 세게 치지 않습니다.

3 다리의 무릎 바로 위쪽을 뿅망치로 가볍게 칩니다. 이때 친구에게 뿅망치로 쳐달라고 합니다.

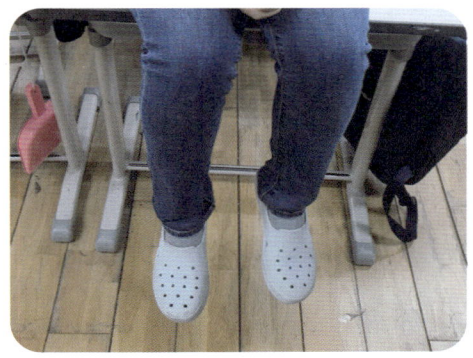

4 다리의 변화를 확인합니다. 친구와 바꿔서 해봅니다.

 TIP

뿅망치가 다리를 치는 것을 의식하지 않아야 무조건반사를 경험할 수 있습니다.

 **정리 및 재활용**

- 사용한 책상은 제자리에 반듯하게 정리합니다.
- 사용한 뿅망치는 제자리에 안전하게 보관합니다.

06 몸으로 하는 과학놀이

50 인체 모형 만들기

신비하고 놀라운 내 몸~

인체 모형을 간단하게 만들어 몸속 내부의 기관들을 알아봅니다.

색 테이프와 철사를 이용해 인체 모형을 만들어보고 우리 몸속 내부의 소화기관, 배설기관, 호흡기관의 위치를 알아보는 놀이입니다.

 준비물

☐ 알루미늄 포일 ☐ 철사
☐ 색 테이프 ☐ 유성 사인펜

 소요 시간   60분

 필요 인원   2명

● 관련 단원 : 6학년 2학기 4단원
　　　　　우리 몸의 구조와 기능

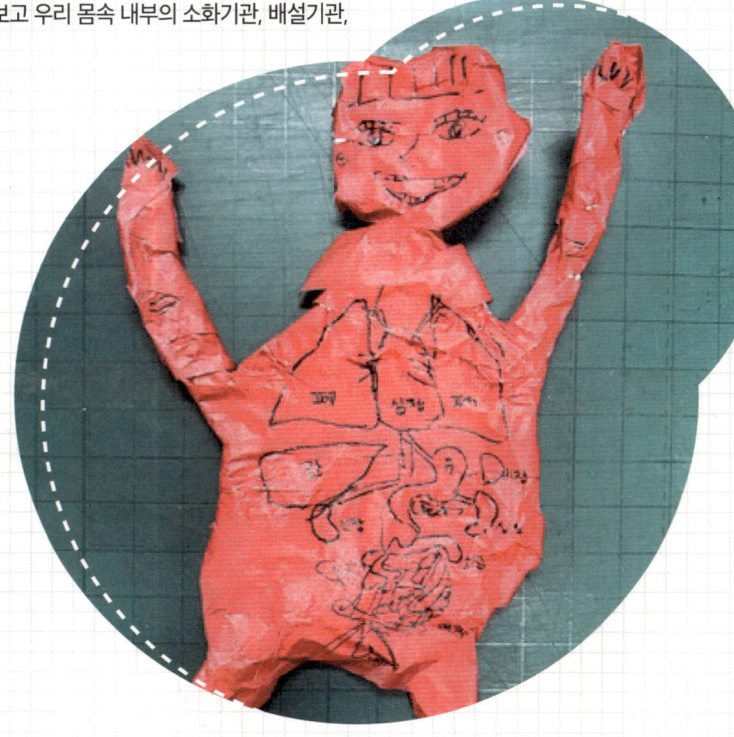

 궁금해요!

우리 몸속에는 어떤 기관들이 있을까요?

 우리 몸속에는 우리가 살아가는 데 필요한 다양한 기관이 있습니다. 심장, 폐, 위, 비장, 신장, 췌장, 대장, 소장, 간, 항문 등입니다.

우리가 음식을 먹으면 음식들이 몸속에서 어떻게 이동할까요?

 우리가 음식을 섭취하고 흡수하는 기관을 소화 기관이라고 합니다. 사람의 소화 기관에는 입, 식도, 위, 십이지장, 작은창자(소장), 큰창자(대장), 이자, 쓸개, 간 등이 있습니다. 먹은 음식물은 '입→식도→위→십이지장→작은창자→큰창자' 순으로 지나가며 우리 몸에 영양분을 전달합니다.

놀이방법

1 알루미늄 포일, 철사, 색 테이프, 유성 사인펜을 준비합니다.

2 철사로 인체, 즉 사람의 기본 뼈대를 만들어줍니다.

> 구부릴 때 힘이 들고 다칠 수 있으니 어른의 도움을 받아 안전하게 놀이합니다.

3 알루미늄 포일을 오려서 철사 뼈대 위를 감싸줍니다.

4 인체 모형 표면을 색 테이프로 감아줍니다.

놀이방법

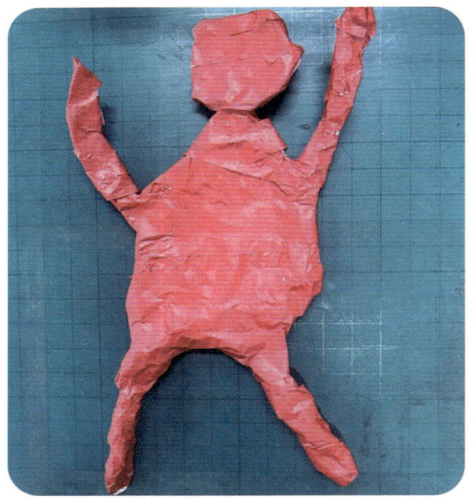

5 색 테이프로 감은 뒤 유성 사인펜을 이용하여 몸속 여러 기관의 위치를 적어봅니다.

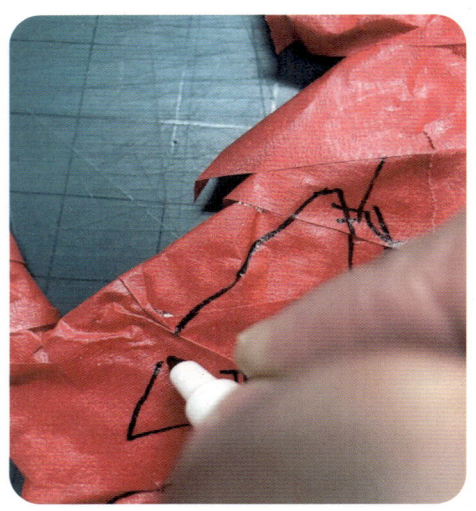

6 우리 몸속 호흡기관과 소화기관을 그려봅니다.

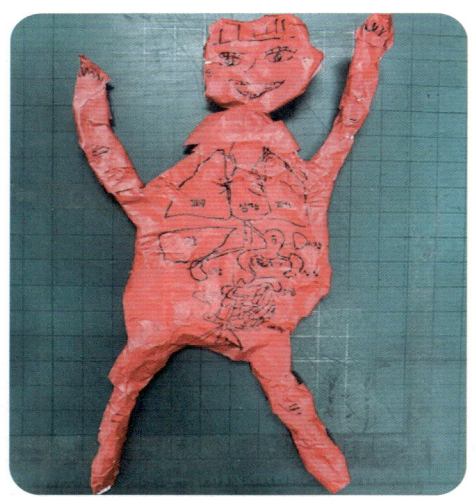

7 마지막으로 얼굴, 팔, 다리를 그려 완성합니다.

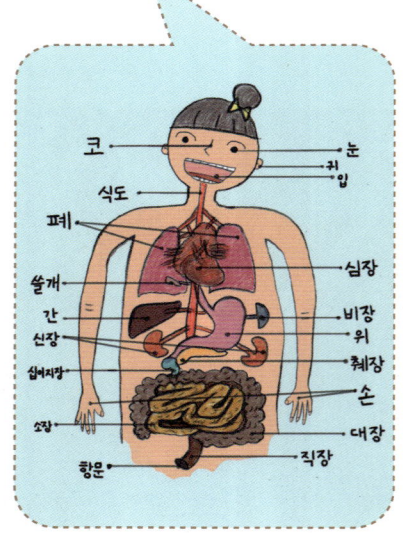

 TIP

- 철사와 색 테이프를 견고하게 감아서 튼튼한 인체 모형을 만들어봅니다.
- 색 테이프는 밝은 색으로 감는 것이 유성 사인펜으로 글씨를 쓰기에 좋습니다.

정리 및 재활용

- 놀이에 사용하고 남은 철사는 고철류로 재활용합니다.
- 알루미늄 포일, 색 테이프는 일반 쓰레기로 버립니다.
- 사용하고 남은 나머지 재료들은 잘 정리하여 안전하게 보관합니다.